당신의 이혼을 응원합니다

당신의 이혼을 응원합니다

초판 1쇄 인쇄 2019년 11월 5일
초판 1쇄 발행 2019년 11월 15일

지은이 김향훈

펴낸이 김찬희
펴낸곳 끌리는책

출판등록 신고번호 제25100-2011-000073호
주소 서울시 구로구 디지털로 31길 20 에이스테크노타워5차 1005호
전화 영업부 (02)335-6936 편집부 (02)2060-5821
팩스 (02)335-0550

이메일 happybookpub@gmail.com
페이스북 happybookpub
블로그 blog.naver.com/happybookpub
포스트 post.naver.com/happybookpub
스토어 smartstore.naver.com/happybookpub

ISBN 979-11-87059-53-0 03190
값 13,800원

당신의 이혼을 응원합니다

변호사 김향훈 지음

연애, 결혼, 이혼에 관한 솔직 토크, 진심 조언!

끌리는책

이혼을 권한다

나는 이혼한 남자다.

두 번 했다.

두 번 다 합의이혼이었는데, 살다 보니까 그렇게 되었다.

이쯤 되면 사람들은 내가 매우 문제가 많은 남자라고 생각할지 모른다. 친한 친구들은 노골적으로 "너 바람 폈냐?" 하고 묻기도 했지만, 절대 아니다.

이혼한 첫 번째 이유는 가난 때문이었고, 두 번째는 이혼한 남녀가 서로 각자의 자식을 데리고 모여서 살다 보니 자녀양육 문제로 갈등이 깊어졌기 때문이다.

나는 재개발 재건축 전문변호사로 이름이 많이 알려진 편이지만, 한때 이혼 및 가사 변호사로 오래 활동했고, 현재 우리 법무법인에는 이혼소송을 담당하는 변호사가 여럿 있으며, 나 역시 자주 이혼소송에도 참여하고 있다. 간통죄가 아직 존재하던 시절에 수많은 이혼사건을 맡았고, 간통현장 증거를 수집하러 다녔다. 그러던 와중에 나 자신의 재혼과 두 번째 이혼을 겪었다. 시간이 흘러 나도 오십을 훌쩍 넘었고, 이제 인생이 뭔지 조금 알 것 같다. 그래서일까? 입이 근질거리면서 주변에 내 경험과 식견을 전파하는 꼰대 짓이 하고 싶어졌다. 그래서 이 책을 쓰게 되었다. 나는 이 말이 하고 싶다. "이혼을 주저하지 말라. 이혼하면 새로운 세상이 펼쳐진다. 놀랍고 황홀한 세계가 당신을 기다린다."

수많은 이혼소송을 진행하고 지켜본 경험에 의하면 이혼을 고민하는 사람들은 마지막 순간에 머뭇거린다. 나는 그 마지막 순간에 어떤 판단을 해야 하는지 돕고 싶어 이 책을 썼다.

세상은, 아니 대부분의 사람들은 당신의 이혼을 응원하지 않는다. 되도록 참고 살라 하고 한 번 더 생각하라고 한다.

하지만 그것은 당사자가 아니기 때문에 할 수 있는, 책임지지 않는 조언일 뿐이다.

　물론 이왕 결혼하고 가정을 꾸렸으니 이혼하지 않고 잘 살면 좋다. 이혼하려고 결혼하는 사람은 절대 없을 테니. 행복한 결혼생활을 위해 다들 노력하고 산다. 하지만 이혼하는 것이 더 행복한 경우도 분명 있다. 나름대로 노력하고 최선을 다했는데도 불평과 고통의 연속이라면, 결혼생활을 하루하루 유지하는 게 도저히 힘들다면, 과감하게 끝내라고 권하고 싶다. 남은 인생을 위해서…….

　이혼을 고민하는 사람들에게 진짜 필요한 것은 그 사람이 진짜 이혼해야 하는 상황인지 객관적으로 분별해주는 데 있다. 이혼해야 할 사람은 얼른 이혼하고, 그렇지 않은 사람은 다시 원만한 결혼생활을 위해 노력하라고 조언해주어야 한다. 이걸 검증받고 싶은데 제대로 된 이야기를 들을 수 있는 곳이 없다. 대부분의 충고는 '웬만하면 같이 살라'는 것이다. '웬만하면'이 어느 정도인지는 당사자만 알 수 있다. 이혼전문변호사들은 은근히 이혼을 부추긴다고 얘기하는 사람들이 있다. 물론 그런 경우도 있다. 그런데 나는 정말 같이 살아도 될 만한 사람들에게는 다시 생각하라고 권한다. 그리고 도무지 같이 살면 안 되겠다고 판단되는 사람에게는 주저하지 말고 이혼하라고 충고한다.

예전에 부부문제를 다룬 '사랑과 전쟁'이라는 TV프로그램이 있었다. 요즘에도 케이블TV에서 종종 재방송된다. '4주 후에 뵙겠습니다'라는 말이 조정자의 마지막 대사다. 재판이나 조정에서는 통상 다음 기일이 4주 후에 열리기 때문에 생긴 말이다(이혼숙려기간과는 상관없다. 이혼 신청을 해도 양육 자녀가 있는 경우는 3개월, 자녀가 없거나 이미 성인인 경우는 1개월의 숙려기간이 필요하다). 그런데 조정자들은 출연자들의 사연을 지켜본 후, 한결같이 '좀 더 참을 수는 없었나요?' 아니면 '꼭 그렇게까지 해야 하나요?'라는 질문을 던지곤 했다. 그 자리까지 온 당사자의 고통을 전혀 이해하지 못한 말이다.

이혼을 고민하는 사람에게 웬만하면 같이 살라는 말은 결혼 유지에만 초점을 둔 충고다. 결혼을 유지하지 않아도, 이혼을 선택해도 행복한 인생을 살 수 있는데, 그 기회를 아예 박탈하는 조언일 수 있다. 그래서 나는 이 책을 통해 다소 과격하게 이혼을 조장하는, 아니 이혼을 권하는 이야기를 해보고자 한다.

이제는 결혼생활 유지하는 것만이 정답이라는 인식은 버려야 한다. 이혼이 꼭 나쁜 선택은 아니다. 무엇보다 이혼이 인생의 굴레가 되고, 주홍글씨가 되어서는 안 된다. 이미 세상은 그렇게 바뀌고 있는지 모른다.

두 번 이혼한 내 경험과 직접 상담하거나 소송에 관여하면서 겪은 일, 주변 사람들의 이야기를 통해 이혼에 대한 부정적인 인식을 바꾸고 이혼으로 힘들어하는 사람들을 돕고 싶다. 그래서 이혼하는 과정에서 반드시 알아야 할 법률상식이나 소송할 때 필요한 사항 등도 함께 정리했다.

누군가 내게 '변호사님은 남자라서 이혼했어도 여자보다 훨씬 편하지 않았나요?'라고 물은 적이 있다. 생활도 자유롭고, 더구나 일반인들이 보면 꽤 괜찮은 직업인 변호사니까 그렇게 봤을 수도 있다. 그런데 절대 아니다. 나는 두 아들의 양육을 혼자 책임져야 했다. 이혼하고 처음에는 세 식구가 월세집에 살았고, 변호사가 된 직후여서 개업한 사무실의 산더미 같은 일과 육아, 집안일 모두 혼자서 해결했다.

내가 이혼해도 괜찮다, 이혼하면 다른 인생이 기다린다, 이혼 후를 준비하라고 자신 있게 이야기할 수 있는 이유는 이혼 후 겪게 되는 다양한 고통은 물론 기쁨과 즐거움도 모두 경험해봤기 때문이다.

2018년 이후 이혼 건수가 줄어드는 경향이라는 기사를 봤다. 이유가 좀 슬펐다. 부동산 가격이 내려가면서 이혼해도 나눌 재산이 줄어드니 이혼을 미룬다는 분석이었다. 결국 돈 때문이다. 돈 때문에 이혼하고, 돈 때문에 이혼하지 못한다. 돈 문제에서 자유로울 때 이혼도 당당해진다. 경제적으로 자립할 자신도 능력도 없다면 이혼은 포기해야 한다. 하지만 그 모든 어려움을 뚫고 인간으로서 주체적인 삶을 살고 싶다면 이혼해도 괜찮다.

이 책이 당신의 고민을 풀어가는 데 실마리가 되길, 결심을 실행하는 계기가 되길 바란다. 무엇보다 당신의 아픔이 이 책을 통해 치유되고 당당하게 살아가는 데 힘이 되면 좋겠다.

"당신의 이혼을 응원한다."

"당신의 행복을 응원한다."

김향훈

차
례

결혼반지는
세상에서 가장 작은 장식용 수갑이다.

– 무명씨

1

은밀한 거래의
시작

결혼은 거래다

솔직해지자. 남녀가 만나 사랑에 빠졌다. 그리고 결혼을 약속한다. 함께 살기로 하는 순간, 결혼은 결국 비즈니스가 되고 거래가 된다. 내가 너무 극단적이라고? 부자들의 정략 결혼이나 그런 거라고? 순수하게 사랑해서 하는 결혼을 매도하지 말라고?

냉정하게 돌아보면 이 세상 모든 일이 다 비즈니스고 거래다. 사랑도 우정도 의리도 마찬가지다. 중고등학교 때 친구 간의 우정은 정말 순수해보이지만 그것 역시 일종의 거래다. 서로 재밌게 잘 놀아주는 교환거래. 만나서 즐겁고 재있게 놀거리를 공유하는 비즈니스 관계다. 그렇지 않은 친구들은 아예 안 만났던 것 같은데?

두 사람이 함께 살기로 결정한 순간, 결혼은 진짜 비즈니스가 되고 거래가 된다. 지금은 두 사람이 이불 한 채와 냄비만 들고, 사랑으로 모든 걸 다 해결할 수 있다고 믿으면서 결혼하던 시대가 아니다. 서로 없으면 없는 대로, 있으면 있는 대로 하면 된다고? 절대 그렇지 않다. 양쪽이 비슷하면 그런 대로 양보하는 거래가 성립한다. 그런데 한쪽이 조금이라도 기울면 그때부터 금이 가기 시작한다. 아무리 많은 쪽에서 마음을 쓰고 양보해도 없는 쪽은 상처받는다. 나중에 많은 쪽이 생색을 내기 시작하면 그때부터 없는 쪽의 고통이 시작된다. 혼수 문제가 평생을 가고, 이혼사유가 되는 게 바로 여기서부터다. 자연스럽게 부부사이에 갑을관계가 형성되기도 한다.

예전에는 남자가 가정 경제를 책임지고, 여자는 가사와 육아를 책임진다는 경계가 분명했다. 옛날 어머니들은 아버지들의 월급이 많든 적든 아껴 쓰면서 묵묵히 집안일을 하고 자녀를 키웠다. 가장의 수입에만 의존해 살다 보니 집안에서 아버지가 왕처럼, 때로는 폭군처럼 굴어도 견뎠다. 가정을 지키는 것을 가장 큰 미덕이라 여기며 체념하고 살았던 것 같다. 하지만 지금은 많은 여성들이 경제력을 가지고 있는 시대다. 심지어 내가 만난 2,30대 남자들은 직업이 없거나 경제력이 없는 여자는 아예 만나지도 않는다고 했다. "여자도 벌어야죠. 요즘 같은 세상에 혼자 벌어서는 못 살아요."라고 말한다. 여성도 사회생활, 경제생활하는 시대이니 당연한 얘기지만, 요즘 남성들은 결혼하면 집안의 가장이 되어 평생 가족을 책임져야 한다는 생각은 많이 옅어진 것 같다.

여성도 경제활동을 하니 가사는 부부가 분담하는 게 맞다. 같이 일하고 같이 아이를 키우는 입장이니 당연하다. 퇴근하고 혼자 TV 앞에서만 뒹구는 남편은 이제 용서받지 못한다. 청소, 설거지, 세탁 아니면 아이와 놀아주거나 씻기기라도 해야 한다. 그렇지 않으면? 당장 싸움이 난다. 독박육아를 인정하지 않는 여성들이 많기 때문이다. 돈을 같이 벌고 있으니 모든 일을 공평하게 같이 하자는 게 요즘 여성들이 가진 생각이다. 거기에 발맞추지 못하면? '성격 차이'라는 이유로 이혼당할 수 있다.

사람은 본래 이기적이어서 자기가 준 것은 잘 기억하지만 받은 것은 기억하지 못한다. 예를 들어, 직원은 휴일에도 재택근무를 하느라 고생해도 사장은 알아주지 않는다. 반면, 사장은 매출이 적자인데도 은행 빚을 얻어 직원들 월급과 상여금을 챙기는데 직원들은 항상 적다고 불평한다. 변호사 업무에서도 나는 300만 원어치 일을 했는데 의뢰인은 그 정도로 일하지 않았다고 불만을 제기한다. 서로 최선을 다했다고 생각하지만 상대의 기준에는 못 미치는 경우가 허다하다.

결혼 역시 마찬가지다. 내가 준 물건은 다 기억나고, 내가 해준 일은 생생하게 기억하는데, 상대가 사준 물건, 해준 일은 기억나지 않는다. 어느 결혼식장에서 주례를 서신 분이 한 말이 기억난다. "결혼을 끝까지 유지하고 싶다면, 상대에게 준 것은 모두 잊고 상대에게 받은 것만 다 기억해두세요." 하지만 이게 쉽지 않다. 상대에게 불만이 쌓이고 화가 나기 시작하면 받은 것은 싹 잊어버리고 준 것만 줄줄이 떠오른다. 내가 더 많이 준 게 억울해지기 시작한다. 그걸 따지다 보면 싸움이 커진다.

진정한 사랑은 자기가 생각한 것보다 더 많이 상대방에게 베풀어 상대방을 행복하게 해주는 것일지 모른다. 그런데 실제로 살다 보면 잘 안 된다. 처음엔 지는 게 이기는 거라고 생각하지만 시간이 흐르면 왜 나만 져야 하는지 화가 나기 시작한다. 현실은 공평하게 주고받아야 싸움이 덜 난다. 부부관계는 특히 더 그렇다는 게 내 생각이다. 받기만 하고 받는 것을 당연한 권리로만 여기면 주는 쪽은 지치게 된다. 시간이 지나면서 지치는 수준을 넘어 폭발하고, 결국 파탄난다. 내가 준 만큼 받기를 원한다면, 더 주려고 노력해야 한다. 그래야 함께 살아갈 수 있다.

사랑에는 넘치게 주고 넘치게 되돌려주는 자세가 필요하다. 손해 본다는 생각을 하면 힘이 빠진다. 사랑뿐만 아니라 직원과 사장과의 관계, 친구와의 관계에서도 마찬가지다. 한쪽은 주는데 다른 쪽은 받기만 하면 주는 쪽은 지친다. 주는 쪽이 지치지 않는 건 부모자식 관계 정도가 아닐까? 주는 쪽이 조금이라도 힘들다고 투정하면 받는 쪽은 갑자기 왜 그러냐고 한다. 오히려 그동안 해준 게 뭐가 있냐고 따지기도 한다. 그런 관계는 끝내야 한다. 받기만 하는 게 너무 당연해서 그동안 받은 모든 것이 권리라고 주장하기 시작

하면 반성 같은 것을 기대할 수 없다. 반성할 기회는 한 번
만 주면 충분하다.

사랑은 거래다. 마음을 주고받는 거래. 결혼 역시 거래다.
몸과 마음과 행동을 서로 공평하게 주고받아야 하는 거래.

삐걱거리는 이유

결혼은 경제공동체, 생활공동체이고 분업의 원리가 작동한다. 대등하고 공정한 역할분담이 이루어지지 않으면 일방의 불만이 쌓이고, 부부관계가 파탄으로 이어진다. 따라서 서로 바라는 것과 해줄 수 있는 것이 무엇인지 잘 생각하여 책임과 의무를 분명히 해야 한다.

영화 〈나의 사랑 나의 신부〉는 연애, 신혼, 권태기에 이르는 현실 결혼생활의 모습을 잘 묘사하고 있다. 조정석과 신민아가 신혼부부 역할을 연기하는데, 권태기를 맞은 아내가 남편과 싸우다가 하는 대사가 있다.

"자기는 밥 먹을 때랑 하고 싶을 때만 내가 필요하잖아. 그리고 파김치 찾을 때만 내가 필요하잖아. 아니야?"

이 질문에 대해 쉽게 '절대 아니'라고 대답할 수 있는 남자가 몇이나 될까?

여자는 무엇 때문에 결혼할까? 오직 사랑 때문에? 솔직해지자. 보호받고자 하는 욕망, 좀 더 적나라하게 이야기하면 거친 세상 속에서 누군가에게 보호받고 의존할 수 있는 환경에서 살고 싶은 욕망 때문은 아닐까?

'육체적 사랑에 초점이 가 있는 남자, 정신적 사랑을 갈구하는 여자'라는 틀에서 보면 남자는 하등동물이며 여자의 사랑은 고차원적이라는 생각을 하게 된다. 그러나 양자 모두 이기적이라는 점에서는 동일하다. 여자의 정신적 사랑도 쌍방향이 아니라 일방적인 보살핌을 원한다는 점에서 본다면 지극히 이기적이다. '오빠 나만 바라봐'라고 주장할 거라면 당신도 오빠에게 뭔가 챙겨주어야 한다.

우리 모두는 완벽한 남편, 완벽한 아내를 원하지만 그런 사람은 세상에 없다. 남자는 '예쁘고 착한 여자'를, 여자는 '유능하면서 자신에게만 헌신적인 남자'를 원하지만 이 요구조건은 그 자체로 벌써 모순이다. 대부분의 예쁜 여자는 착할 필요가 없고, 유능한 남자는 인기가 많아서 헌신적이지 않을 가능성이 높다. 만약 완벽한 배우자감이 눈앞에 나타났다면? 당신은 그 사람의 하인이나 하녀가 될 가능성이 높다. 왜냐하면 당신은 완벽하지 않을 가능성이 높기 때문이다.

중요한 것은 '균형'이다. 상대방이 원하는 것과 내가 원하는 것, 상대방이 맡은 역할과 내가 맡은 역할을 적절히 균형 있게 조율하는 것. 그것이 결혼생활에서 행복의 가장 중요한 요소가 아닐까? 그러니 불공정 거래는 하지 말자. 자신의 역할은 감당하지 않고 전혀 양보할 생각도 없으면서 상대방에게만 온전한 역할을 요구하는 불공정 거래 말이다.

살아보고 얘기하시죠?

결혼하면 예전에 보이지 않았던 상대의 단점이 보이기 시작한다. 그것도 아주 많이. 데이트하며 사랑이 싹틀 때는 서로 예의를 지키기에 단점을 숨길 수 있지만 결혼생활은 그렇지 않다. 같은 공간에서 생활하는 시간이 길어질수록, 더 가까워졌다고 느낄수록 아주 사소한 단점에서 커다란 결함까지 보이고, 시간이 지날수록 그 단점과 결함은 실망과 배신감으로 바뀐다.

그런데 이걸 모르는 주변 사람들이 당신에게 와서 말한다. "당신 남편 같은 사람은 세상에 없을 거예요. 돈 잘 벌지, 다정하지, 성실하지. 그런 사람 세상에 없어요.", "어떻게 그런 부인을 얻었어요? 싹싹하지, 집안일 잘하지, 아이들도 잘 키우지. 참 복도 많네요."라고. 이럴 때 당신은 속으로 이렇게 외칠지도 모른다.

'그럼, 당신이 한번 살아보든가!'

회사에서야 회식할 때 다른 사람들 챙겨주고 택시비 주고 뒷정리 다 하는 성실한 직원일지 모른다. 하지만 집에 오면 소파와 한몸이 된 채 TV 리모컨만 누르면서, 아내한테는 "내가 밖에서 얼마나 고생하는 줄 알아?"라고 외치는 남편이라면?

밖에서는 인사도 잘하고 알뜰한 현모양처로 보일지 모른다. 하지만 집에서는 청소와 설거지 미루기 일쑤고, 아이들 장난감 안 치운다고 소리 지르고, 퇴근한 남편에게 집안일 안 도와준다고 온갖 짜증 부리는 아내라면?

누구나 이럴 수 있다. 그게 인지상정이다. 사람은 편한 장소에서는, 편한 사람 앞에서는 함부로 행동한다. 내 집이니까 이곳에서만큼은 내 마음대로 하면 된다고 생각한다. 그런데 문제는 그런 행동이 상대의 허용 범위를 넘어설 때 생긴다. 하루 종일 일하고 퇴근해서 집에 와 쉬는 건 괜찮다. 하지만 아내가 저녁 차리고 치우고 아이들 씻기고 빨래하는 동안, 홀로 TV를 보거나 게임만 하고 있다면? 게다가 아내도 맞벌이라면? 아내는 도와달라고 한두 번 부탁하다가 시간이 지나 엉뚱한 일에서 크게 폭발한다. "야, 너만 일해? 애는 나 혼자 낳았어? 내가 이 집 식모니?" 하는 말까지 나온다. 한 집에 아이가 하나나 둘로 부모가 애지중지 키워 귀하게 자란 세대가 지금 2,30대다. 이들은 학생일 때는 공부하느라, 취직한 후에는 일하느라 바빠 살림 배울 틈도 없어서 하나에서 열까지 엄마 찬스를 쓰는 경우가 많다.

서툰 살림에 힘들어하는 아내에게 무심코 "야, 너는 도대체 니네 집에서 뭘 배우고 온 거냐?" 이런 식으로 말했다면? 아마 며칠이 아니라 평생 동안 아내 가슴속에 꽉 박혀서 싸울 때마다 불쑥 튀어나올 것이다. 제3자가 밖에서 보는 것과 부부간에 안에서 겪는 것은 다르다. 밖에서는 남의 시선에 신경 쓰면서 살지만 집 안에서는 그럴 필요가 없다고 생각하기 때문이다.

아무리 측근이라도 속사정을 다 알 수 없다. 외부 사람들이 당신의 배우자를 어떻게 생각하든 신경 쓰지 마라. 그들은 당신의 삶을 대신 살아줄 수 없고, 당신 대신 결정해줄 수도 없다. 당신이 같이 살기에 불편하면 불편한 거다.

탤런트 김수미 씨가 이런 얘기를 한 적이 있다. '부부간에 너무 친하게 지내는 것도 안 좋다'고. 너무 속속들이 사소한 생활 습관 하나하나까지 다 들여다보면 나쁜 점이 보이게 되고 부딪치면 서로 짜증 나게 마련이다.

부부라고 해서 상대방을 지나치게 압박하고 모든 행동을 같이 해야 한다고 요구하면 상대방은 숨을 쉴 수가 없게 된다. 때론 적당히 무관심해야 한다.

결혼해본 사람들은 공감하겠지만, 부부는 정말 너무너무 다르다. 30년 가까이 다른 삶을 살아온 사람들이 비슷하다고 한다면 오히려 더 이상하다. 몇십 년을 붙어 다닌 동성친구도 함께 여행을 다녀보면 싸우는 일이 많은데, 하물며 남녀가 같을 수 있나.

치약을 가운데서 짜느냐 뒤에서부터 짜느냐, 슬리퍼를 세워놓느냐 마느냐, 변기 뚜껑을 내리느니 마느니 하는 사소한 분쟁들이 일상적으로 일어난다. 하나에서 열까지 눈에 보이는 모든 것이 싸움거리가 된다. 조금이라도 싸움거리를 줄이려면 애초에 서로 다를 수밖에 없음을 인정하고, 약간의 거리를 두는 것이 현명하다.

일본에서는 부부 사이에도 침대를 따로 쓰는 문화가 있다. 그게 무슨 부부냐고 이야기할 수 있지만, 처음 얼마 동안 한시라도 떨어져 있고 싶지 않을 정도로 애정이 넘치는 시기가 지나면 침대를 따로 쓴다.

옛말에 '몸이 멀어지면 마음도 멀어진다'라는 얘기가 있지만, 막상 너무 가까워지면 좋은 점은 안 보이고 나쁜 점만 크게 보인다. 서서히 미움이 쌓인다. 모든 걸 다 보기 때문에 그냥 짜증이 난다.

그러니 결혼을 하더라도 각자의 공간과 서로의 생각을 존중해주고 어느 정도 거리를 두는 게 좋다. 우리나라에도 침대를 따로 쓰거나 각방을 쓰는 부부가 늘어나고 있다고

한다. 서로에 대한 의존도를 낮추어야 같이 사는 게 행복해

지고 나중에 구차해지지 않는다.

옛날 이혼, 요즘 이혼

"결혼하셨죠?

"네. 그런데 저는 이혼했습니다."

"아, 죄송합니다."

"뭐가요?"

외국 사람들은 나이가 몇 살이냐, 결혼은 했냐, 아이는 몇
이냐 등에 관해 공적으로는 물론 사적으로 만난 사이에도
잘 묻지 않는다. 하지만 우리나라는 일단 만나면 나이부터
묻고, 나이가 좀 있다 싶으면 당연하다는 듯 결혼과 관련한
질문을 던진다. 그런데 이혼했다고 하면 갑자기 분위기가

싸해지면서 더 이상 질문하지 않는다. 왜 이혼했냐고까지 캐묻는 사람이 간혹 있었지만, 요즘은 거기까지 묻는 사람은 별로 없다. 게다가 결혼 같은 사적인 질문을 해놓고도 이혼했다고 하면 괜히 미안해한다. 굳이 미안할 것까지는 없는데…….

우리 사회에서 이혼은 주로 여자의 고민이었다. 바람나거나 경제적으로 무능하면서 술과 도박 등으로 가산을 탕진하거나 폭력을 일삼는 남편 때문에, 혼수를 문제 삼거나 시집살이 고되게 시키는 시댁 때문에……. 결혼생활을 더 유지하기 힘든 이유, 즉 배우자 유책사유가 대부분 남자에게 있었다.

그런데도 여자가 이혼을 결심하고 실행하는 과정은 매우 힘들었다. 가사와 양육에만 힘을 쏟으면서 전업주부로 살다 보니 이혼 후에 살아갈 경제적 대책이 없었기 때문이다. 게다가 친권은 남자가, 양육권은 여자가 갖게 되면서 여자는 생활고에 양육 부담까지 떠안아야 했다.

하지만 지금은 많이 달라졌다. 여성의 경제활동이 증가했

34

고, 가정 경제에 대한 기여도도 높아졌다. 예전처럼 이혼 사실을 숨기지도 않는다. 호적제도가 폐지되면서 이혼 사실이 호적에 남는 일도 없다. 자녀에 대한 의무감으로 결혼생활을 유지해야 한다는 압박감과 의무감을 가진 여성도 줄어드는 듯하다. 한때는 이혼하면서 부부가 둘 다 양육권을 갖지 않겠다는 소송이 많아 부모가 있는데도 보육원으로 보내지는 아이들이 있었다. 자녀가 결혼할 때까지 억지로 결혼생활을 유지하다가 이혼하는 경우도 많고, 아예 안 맞는다 싶으면 자녀가 생기기 전에 갈라서는 부부도 많아졌다.

어쨌거나 이혼의 원인은 대부분 남자 때문이었다. 그런데 원인 제공자인 남자들은 이혼하고 나서도 친권만 챙기고 양육비만 주면서(양육비조차 제대로 안 주는 남자도 정말 많다) 자유롭게 자기 하고 싶은 대로 살았다.

얼마 전 고독사 통계를 다룬 기사를 보았다. 고독사는 혼자 살던 사람이 사망하는 것인데, 이상하게도 남성 비율이 87%에 달했다. 65세 이상 노인 비율이 40%에 달했고, 50~60대 장년층 비율이 월등히 높았다. 1인 가구 증가로 인한 현상이라고 하는 의견도 있지만, 대부분은 이혼, 실직,

질병이 직간접적인 원인이라고 한다.

　나는 이 기사를 보면서 왜 유독 남성의 고독사 비율이 높은지 생각해봤다. 왜 혼자 살게 되었는지, 가족이 있는데도 왜 무연고 사망자 처리를 당하는지 정말 궁금했다. 내가 사회학자는 아니니 깊게 분석하지는 못한다. 그런데 곰곰이 생각해보니 남자는 혼자 사는 데 익숙하지 않은 인간이라는 생각이 들었다. 주변을 둘러보면 부모님 중에 아버지가 먼저 돌아가신 자식들은 홀로 남은 어머니 걱정을 크게 하지 않는다. 연세가 있어도 어머니는 어떻게든 자식들한테 큰 걱정 안 끼치고 사는 게 몸에 배어 있기 때문이다. 반대로 어머니가 먼저 돌아가신 가정은 자식들이 분주하고 힘들다. 아버지 혼자 하실 수 있는 게 별로 없어서 신경이 많이 쓰인다고 한다. 자식 입장에서는 함부로 재혼을 권할 수도 없다(재산 문제 등이 걸림돌이다). 어떤 이유로든 남자들은 혼자 살게 된 이후 자기 자신을 돌보는 데도 익숙하지 않다. 주변 사람들과의 관계도 원만하지 않은 상태로 오랫동안 살다 보니 병이 생기고 치료도 못 받고 홀로 사망하지 않았을까 생각한다.

그리고 요즘은 이혼의 유책사유가 남자 쪽에만 있지 않은 경우가 많이 늘고 있다. 예전에는 유책의 남성 대 여성 비율이 9:1이나 8:2 정도였다면 근래에는 6:4 정도까지 내려온 듯한 느낌이다. 이혼상담은 주로 여자가 할 것 같지만 남자가 신청하는 경우도 급격하게 늘었다. 겉으로의 이혼 사유는 성격 차이인 경우가 대부분이지만, 그 속에는 배우자의 불륜, 경제적 이유, 가정 폭력, 성적 갈등 등이 차지하고 있다. 요즘엔 여자 쪽에서도 이런 문제를 일으킨다는 게 예전과 달라진 점이다.

출산 후 육아휴직을 마치고 복귀한 직장에서 직장 동료와 불륜에 빠져 갓난아기를 두고 집을 나가고, 명품을 사느라 카드빚에 쪼들리다가 사채까지 얻어 쓰고, 지나친 음주나 술주정으로 폭력을 가하는 등 예전에는 남자 쪽에서 주로 볼 수 있었던 유책사유가 여자 쪽에서도 똑같이 나타나고 있다.

이혼의 고통과 상처는 어느 한쪽에만 남지 않는다. 이혼을 하게 되는 모든 과정에서 서로에게 상처를 주고 고통을 준다. 쿨하게 도장 찍으면 끝날 것 같지만 그렇게 되지 않는다. 유책사유를 따지다 보면 서로 별의별 일까지 다 들춰내게 된다. 꼭 그래야 할까? 그럴 수밖에 없게 된다. 이혼, 쉽지 않다. 그래서 이혼까지 가기가 정말 힘들다. 그런데 이혼하면?

이혼의 느낌

"이혼해보니까 어때?"

"솔직히 말해볼까? '아! 난 이제 살았다. 해방이야!'라는 느낌이었어."

어느 여성지에서 본 글이다. 나도 그랬다. 이틀쯤 지나고 나니 우울한 느낌이 사라지고 허전하면서도 뿌듯함이 몰려왔다. 이혼을 결심하고 실행에 옮기기까지가 힘들었지, 막상 모든 처리가 끝나고 나니 묘한 안도감이 밀려왔다. 뭔가 새롭게 해볼 수 있다는 설렘도 생겼다. '이렇게 시원할 줄 알았으면 더 일찍 할걸. 괜히 고민했던 5년의 시간이 너무 아깝네' 하는 생각까지 들었다.

이혼은 안 하는 게 좋다고 한다. 당연한 말이다. 문제없이 잘 살면 된다. 문제가 있어도 서로 배려하고 좋은 방법을 찾으면서 잘 헤쳐나가면 된다. 그러나 결혼생활을 유지하는 것만으로도 스트레스가 쌓이고 그 고통을 더 이상 견딜 수 없다면, 해도 된다. 아니 반드시 벗어나야 한다. 그냥 그렇게 참고 견디면서 살면 당신은 물론 주변 사람들도 불행해진다.

'이렇게 계속 살아야 되나' 하는 생각이 6개월 이상 또는 1년에 서너 번 이상 심각하게 든다면 이혼해라. 그 정도 되면 당신의 이야기를 들어주는 친구나 가족도 지친다. 걱정해주고 충고하는 것도 지겹다. 맨날 결론도 없는 똑같은 얘기를 몇 년이나 들어줄 사람은 그리 많지 않다. 결단은 본인이 내려야 한다. '할까? 말까?' 하면서 주변 사람 괴롭히지 말고 스스로 결단해야 한다. 이혼은 권장사항은 아니지만 금기사항도 아니다.

다만 이혼을 결심할 땐 냉정해야 한다. 홧김에 '욱' 하고 해서는 안 된다. 이혼은 철저하게 홀로 서는 일이다. 무엇보다 경제적 독립이 우선이다. 재산분할을 많이 받는다면 상관없을까? 꼭 그렇지는 않다. 부자들은 이혼율이 매우 낮은 편이다. 결혼생활에 그 어떤 불만이나 고통이 있어도 그냥 무시한다. 돈으로 해결하고, 돈이면 된다고 생각한다. 재산을 나누기 싫기 때문에 이혼을 피하는 경우도 많다. 하지만 평범한 사람들은 남편 혼자서 벌든, 맞벌이를 하든 결혼생활 10년 이내라면 이뤄놓은 재산이 그다지 많지 않다. 이를 나누면 앞으로 살아가는 데 크게 도움이 되는 수준이 아니다. 그렇다면? 이혼을 해도, 혼자 살아도, 자녀들을 양육하더라도 돈이 있어야 한다. 경제적 독립의 준비가 전혀 안 되어 있다면? 이혼하면 당장 먹고살 길이 막막하다면? 이럴 땐 잠시 이혼을 보류해야 한다.

이혼하기로 독하게 마음먹었다면 지금부터 경제적 독립을 궁리해야 한다. 그런 의미에서 이혼을 둘이 갈라선다는 부정적인 의미가 아니라 둘이 각자 독립한다는 긍정적인 의미로 생각을 바꿔야 한다.

당신은 행복하게 살 권리가 있고 의무가 있다. 당신이 행복해야 자녀와 부모, 친구도 행복하다. 당신이 불행해지면 주변에 민폐덩어리가 된다. 결혼생활을 유지하기 위해 불행한 인생을 사는 사람을 지켜보는 사람은 어떨까? 가장 가까운 곳에서 당신의 불행을 지켜보는 자녀들은 또 어떨까? 고통스럽고 불행해진다. 요즘은 '엄마 아빠, 제발 좀 이혼하라'고 자녀들이 설득하는 가정도 꽤 있다. 그럴 때마다 자식 때문에, 자식의 미래 때문에 이혼 못한다고 하는 사람이 있다. 배우자의 불륜이나 폭력 등을 견디면서 '다 자식 때문'이라고 한다. 정말 그럴까? 나는 절대 아니라고 생각한다. 그저 이혼하는 게 두려운 것은 아닐까? 이혼녀, 이혼남이라는 딱지가 붙는 게 싫어서는 아닐까? 그러면서 자식 때문이라고 변명한다. 이런 부모 밑에서 자란 자녀들이 행복할까? 매일 싸우는 부모를 보면서 자란 자녀들이 부모를 아끼고 존경할까? 나는 아니라고 생각한다. 다시 생각해야 한다. 부모 스스로 자기 삶을 떳떳하게 살아가는 것이야말로 자녀를 위하는 가장 좋은 방법임을 염두에 두고 진지하게 생각해야 한다.

잠시 가슴 아픈 게 두려워서, 사회의 시선이 두려워서 이혼을 주저한다. 내 행복을 위한 선택인데 주변을 자꾸 의식한다. 냉정해지자. 주변 사람들이 당신의 인생을 대신 살아주진 않는다. 그리고 주변 사람들은 생각보다 당신에게, 당신의 삶에 관심이 없다. 결혼을 하든 말든, 이혼을 하든 말든 자기 살기 바쁘다. 물론 당신이 조언을 구하면 뭔가 그럴 듯한 충고를 해주기는 할 것이다. 하지만 어떤 선택을 하든 그 선택으로 인한 기쁨도, 고통이나 슬픔도 온전히 당신 몫이다. 당신의 선택이고 당신의 인생이기 때문이다.

이혼해서 창피하다고? 왜? 뭘 잘못했는데? 그냥 나와 안 맞는 사람과 만났을 뿐이다. 계속 함께 살아가야 할 이유가 없다. 왜 안 아프겠는가? 사랑해서 결혼했고, 행복하게 살고 싶은 꿈이 있었는데. 왜 고통스럽지 않겠는가?

심리학자들의 연구 결과에 따르면 사람은 익숙한 것을 계속 유지하려는 경향이 있다고 한다. 나고 자란 환경이 다른 두 사람이 만나 겨우 함께 맞추면서 살았는데, 헤어져서 새로운 환경에 다시 적응해야 한다고 생각하니 앞이 캄캄해지는 게 사실이다. 하지만 모든 것은 금방 지나간다. 인간은 의외로 적응을 잘한다. 사람들의 관심은 잠시 수군거림이나 뒷담화로 끝난다. 주변은 신경 쓰지 않아도 된다. 오직 자기 자신만을 생각해야 한다. 아무리 생각해도 도저히 이 사람과는 못 살겠다는 생각이 오랫동안 계속되고 있다면 이제 그만 생각을 멈추고 행동으로 옮겨야 한다.

헤어지면 마치 세상이 무너지고 아무것도 못할 것 같지만 다 살아진다. 죽어도 헤어지지 못할 것 같다고 결정했다면 더 이상 고민하지 말고, 고통도 호소하지 말고 계속 그 배우자와 살면 된다.

요즘은 돌싱이 혼자 살면서 돈도 벌고 애인도 있는 걸 보며 부러워하는 사람도 많다. 이혼소송하고 조정하고 난리를 치다가 이혼신고까지 마치고 난 뒤, 다시 합쳐서 사는 커플도 심심찮게 보인다. 시대가 변했다. 이제 당신의 생각이 변해야 할 때다. 사실은 당신 생각만 변하지 않았을 뿐 주변은 이미 다 변했을지도 모른다.

결혼 전 단점은 절대 안 바뀐다

뜨겁게 사랑에 빠진 사람의 눈에는 상대방의 단점이 잘 보이지 않는다. 눈에 콩깍지가 씌었으니 다른 게 보일 리 없다. 잠깐 단점이 보여도 '결혼하면 괜찮아지겠지' 하며 슬쩍 눈감아주고 넘어간다. 집안의 어른들도 '결혼하면 정신 차린다' '애 낳으면 괜찮아진다'라며 결혼을 종용한다. 그런데 그건 다 거짓말이다.

결혼 전의 단점과 문제점은 결혼한다고 바뀌지 않는다. 오히려 심해진다. 결혼 전에는 그래도 서로 잘 보이려고 단점을 숨기고 자제하기도 한다. 그런데 막상 결혼하고 나면,

'어쩔 건데?'라는 태도로 나오기 십상이다. 단단한 쇠사슬 같은 것으로 묶이는 것이 결혼이기 때문에, 일단 결혼하고 나면 상대의 단점들 때문에 짜증이 난다고 결혼을 취소할 수는 없다. 거의 '확 죽어버릴까' 하는 심정까지 가는 단점이어야 이혼을 생각하게 된다.

사람들은 결혼할 때 상대를 어떤 기준으로 볼까? 외모, 성격, 능력, 집안, 학력 등을 보게 되지 않을까? 연애결혼도 마찬가지다. 이러한 요소들 중에서 두 사람 사이에 너무 현격한 차이가 있으면 갈등이 시작된다. 예를 들어, 남편 될 사람은 똑똑하고 능력도 있는데 집안이 너무 가난하고 가족을 책임지고 돌봐야 한다. 남동생은 사고뭉치여서 돈 드는 일이 많다. 이런 사실을 결혼 전에 알았다면? 아내 될 사람은 얌전하고 야무진데 그 아버지가 술주정이 심하고 장모가 될 사람은 모든 일을 딸에게만 의지하려고 한다면? 결혼 전에는 그냥 넘어갈 수 있지만, 결혼을 하고 가족이 되는 순간 이 모든 일을 함께 감당해야 한다. 대부분은 사랑으로 감당할 각오하고 결혼한다. 그런데 양가 가족으로 인해 골치 아픈 문제들이 자주 생기면 시간이 지날수록 두 사람의 갈등도 점점 깊어지게 된다.

누구에게나 단점은 있다. 상대의 단점을 받아들이고 인정한다면, 상대가 단점을 고치기 위해 노력한다면 다른 문제다. 하지만 상대의 단점을 도저히 봐줄 수 없고, 그 때문에 상대를 보는 것조차 고통이 된다면 이런 일은 시간이 지나도 해결되지 않는다. 술을 끊겠다는 각서를 밥 먹듯이 쓰는 사람은 평생 똑같은 각서를 쓴다. 나는 그런 사람을 바라보며 나아질 것을 기대한다는 것 자체가 정신적으로 문제가 있다고 본다. 사람은 잘 바뀌지 않는다. 바뀔 가능성이 있는 사람이면 당신이 그토록 힘들고 고통스러울 정도까지 가지도 않는다. 상대의 단점이 무엇이든 그런 단점까지 품고 사랑할 수 있다면 괜찮다. 하지만 달라질 기미가 1%도 보이지 않는다면 과감하게 빨리 헤어지는 것이 현명하다.

이혼보다는 파혼이 낫지 않을까?

몇 년 전, 어느 지인이 문자 메시지를 보내왔다. 이렇게 적혀 있었다.

"내일 예정된 ○○○의 결혼식이 취소되었습니다."

결혼 취소를 휴대전화 문자 메시지로? 조금 놀랐지만, 참 대단한 용기를 낸 멋진 결정이라고 생각했다. 내가 아는 어느 간호사는 결혼식 일주일 전에 결혼을 취소했다. 남자친구가 손이 닳도록 빌었지만 끝내 그와 결혼하지 않았다. 나중에 사연을 들으니, 결혼을 준비하면서 남자친구의 친구들과 가까운 곳에 놀러갔단다. 그런데 남자친구가 친구들 앞에서 자신을 함부로 대하는 모습에 놀랐다고 한다. 연애할 때는 보지 못했던 권위주의로 가득 찬 행동에도 놀랐지만, 마치 하녀로 딸려 간 듯한 굴욕감까지 느끼게 했다고. 그 상황이 몸서리치게 싫었고, 결혼하면 더 심해질 수 있다고 생각하니 끔찍했다고. 그래서 여행에서 돌아온 후 며칠 고민한 끝에 부모님과 의논해 결혼식 취소를 통보했단다. 이런 결정 참 어렵다. 청첩장도 다 돌렸는데, 집안 망신이라며 펄펄 뛰는 부모가 있다면 더더욱 그렇다. 대부분은 그냥 결혼하고 살다가 나중에서야 '그때 알아봤는데……' 하면서 결혼생활 내내 후회하고 눈물을 보인다.

연애할 때 싸우지 않는 연인은 없다. 솔직히 별 것 아닌 일로 투닥투닥 싸운다. 그런데 그런 사소한 싸움이 계속 반복되면 심각해진다. 사소한 단점을 치명적인 결점으로 느끼기도 한다. 그런데 대부분의 연인은 그러는 사이에 서로에게 깊은 정이 들고, 이미 결혼을 준비하고 있어서 '결혼하면 달라지겠지' 하면서 넘어간다.

'술을 마시면 문제가 좀 있긴 하지만, 결혼하면 달라지겠지?' '이기적인 성격이긴 하지만 결혼하면 책임감도 생기고 달라지겠지?' '결혼하면 지금보다 성실해지겠지?' '결혼하면 지금처럼 사치하지는 않겠지?' 천만에! 30년 가까이 자기만의 방식으로 산 사람이 새롭게 바뀔 가능성은 거의 없다.

대부분의 여자들은 이렇게 말한다. "하지만 이미 상견례도 했고, 스드메(스튜디오, 드레스, 메이크업의 준말)도 진행 중인데 이제 와서 그런 문제로 결혼을 뒤엎고 싶지는 않아요. 청첩장도 찍었는걸요. 그 사람도 나아질 거고 서로 극복할 수 있어요."

대부분의 남자들은 이렇게 말한다. "지금까지 쓴 돈이 얼만데요? 저 때문에 부모님 얼굴에 먹칠할 순 없어요. 지금 중단하면 앞으로 주변 사람들을 어떻게 봐요? 결혼하면 달라질 거예요."

상견례? 가족들끼리 식사 한 번 했을 뿐이다. 스드메? 재미난 역할놀이 했다고 치자. 청첩장? 그런 종이 하나 찍어냈다고 인생을 거는 도박을 할 것인가? 부모님 걱정? 당신이 결혼하고 불행하게 사는 것보다는 잠깐 걱정 듣는 편이

낫지 않을까? 창피? 사람들은 잠시 궁금해 하고 수군거릴
뿐, 금방 잊는다.

만일 결혼을 준비하고 있는데 상대방에게 신경 쓰이는
문제가 있다면, 그 문제로 자꾸 뒷덜미를 잡게 된다면, 지금
이 결혼식 전날이라도 늦었다고 생각하면 안 된다. 이혼이
라는 절차보다 간편하고 기록에 남지 않는 파혼이라는 절
차가 있다. 결혼식 당일은 물론 신혼여행 직후에도 파혼하
는 세상이다. 지금까지 진행해온 과정을 도저히 되물릴 수
없다면 결혼식 치르고 난 뒤 신혼여행 가는 척하면서 헤어
지면 된다. 신랑신부 친구들 모인 자리에서 바로 파혼 선언
을 해도 되지 않을까?

사고란 대부분 예견이 가능하고, 그에 대한 사전 통제는
90% 이상 가능하다. 작고 사소한 문제가 반복되면 반드시
큰 문제가 생긴다. 무엇이든 예방이 중요하다. 하인리히 법
칙, 깨진 유리창의 법칙은 결혼에도 적용할 수 있음을 기억
해두자. 불행한 삶이 뻔히 예상되는 나쁜 패를 든 도박과 같
은 결혼이라면 재고할 필요가 있다. 결혼? 지금이라도 '중
단'할 수 있다면, 멈춰야 한다.

반지 하나로 남은
당신의 가치

남편 A는 아내 B에게 이혼하자는 말을 꺼냈다. 다툼 끝에 아내는 집을 나갔고, 연락 한 번 안 하다가 며칠 후 늦은 밤 집으로 돌아왔다. 남편은 속으로 생각했다. '잘못했다고 먼저 빌면 어떡하지?' '저 사람은 이혼할 마음이 없는데 내가 너무 심하게 굴었나?' 그런데 집으로 돌아온 아내가 대뜸 한 말은 "내 다이아 내놔!"였다.

이혼을 주저하게 만드는 여러 가지 이유 중 하나는 '그동안 함께 산 세월이 얼마인데, 웬만하면 참고 살아야지. 내가 가족을 위해 얼마나 헌신했는데, 이제 와서 포기할 순 없지' 등일 때가 많다. 서로 맞추면서 살아온 시간이 억울해서 그럴 것이다. 그리고 상대도 자신과 같은 생각이라고 믿는다. 하지만 사람들은 이런 상황이 되면 정말 자기 자신만 생각한다.

아내의 말에 남편은 다이아몬드 반지와 귀중품을 박스에 담아 건넸다. 그러자 아내는 그 박스를 들고 다시 나가 아파트 현관에 쭈그리고 앉아 박스 안에서 보석들을 하나하나 확인하고 있었다. 아내는 남편과의 결혼생활에서 남은 것이 그 박스 안에 있는 물건들이라고 생각한 것일까?

이 부부의 깊은 속내까지 들어보지는 못했지만, 남편이 먼저 이혼 이야기를 꺼낸 데는 이유가 있었던 듯하다. 아내의 사치 때문일 수도, 가정은 잘 돌보지 않고 친구들과 노는 걸 더 좋아하는 행동 때문일 수도 있다. 아마도 사소한 다툼을 수도 없이 반복했을 것이다. 아내 입장에서는 남편의 잔소리가 지겹고 싫었을 수 있다. 그럼에도 아내는 화해해보려는 노력이나 대화를 시도하지 않은 채 보석을 먼저 챙겼다. 이 때문에 남편은 진짜 도장을 찍기로 결단을 내리지 않았을까?

짧은 결혼생활이든, 긴 결혼생활이든 상대방이 당신과 함께했던 시간에 대해 어떤 가치를 매기고 있는지 생각해볼 필요가 있다. 혹시 "이혼하자"를 싸울 때마다 내뱉으면서 "차는 내가 가질게", "아파트는 나한테 줄 거지?", "보석은 다 나줘" 등을 반복하는 여자가 있다면, 그 여자가 생각하는 결혼의 가치, 배우자를 생각하는 가치를 의심해봐야 한다. 남자는 다른 방향으로 결혼이나 배우자의 가치를 생각할 수 있는데, 이 또한 부부싸움 도중 은근히 드러난다. 적어도 물건 가치로 당신의 가치를 비교당해서는 안 되지 않을까?

'연애 후 이별'과 '결혼 후 이혼'은
뭐가 다를까?

연애 후 이별은 각자 경험이 있을 테니 설명을 생략한다.
그런 경험이 없다고? 도대체 여태껏 뭐하고 살았나?

결혼 후 이혼은 조금 더 복잡하다. 아이가 없는 상태라면
그나마 좀 낫다. 연애 후 이별보다 약간 더한 정도라고 생
각하면 된다. 주변에서 사정 모르는 사람들이 가끔 '결혼생
활이 유지되고 있다'는 전제 하에서 질문하는 경우가 있어
부담될 때도 있다. 그때는 과감하게 커밍아웃하면 된다. 이
혼했다는 사실을 드러내는 게 처음에는 힘들어 주저하지만
막상 해놓으면 더 이상 긴 말을 하지 않아도 되니 편해진다.

요즘엔 SNS에 대놓고 커밍아웃하는 사람도 있다. 할까 말까 고민한 내가 무색하게 이혼한 사실 자체를 쿨하게 인정해주는 분위기다.

이혼 사실을 드러내는 것은 아무래도 남자보다는 여자가 쉽지 않다. 우리 사회가 아무리 달라졌어도 그렇다. 공기업이나 공무원 조직 같은 곳에서는 아직도 이혼한 사실을 숨기는 경우가 많다고 한다. 무슨 문제가 있는 사람인 양 취급받는 게 싫어서 감춘다고 한다. 그리고 이혼했다고 하면 이걸 문제 삼아 괜히 괴롭히는 찌질한 사람이나 때로는 쉽게 생각하는 남자들도 있다. 현실이 이렇다 보니 이혼한 지 10년이 넘었는데도 행복한 결혼생활을 하는 것처럼 연기하고 산다는 여자들을 꽤 많이 봤다.

확실히 이혼녀가 이혼남보다 더 힘들 수 있다. 요즘은 덜하지만, 남의 일에 일일이 관심 보이는 우리나라 사람들의 정서상 귀찮은 일이 한두 가지가 아닐 테니까. 그래도 나는 내 입으로 먼저 말하는 게 낫다고 생각한다. 그래야 더 괜찮은 사람과 만날 수 있는 기회가 생기지 않을까? 물론 쓸데없이 접근하는 사람도 생기겠지만······. 요즘은 옛날과 달리 이혼했다는 사실만으로 쑥덕거리는 시대가 아니다. 도대체 무얼 지키기 위해 이혼을 숨기는가?

자녀가 있는 경우의 이혼은 좀 복잡하다. 아이가 어리면 누가 아이를 키울 것인가, 즉 양육의 문제가 가장 크다. 그런데 요즘은 옛날 드라마처럼 아이를 떼어내고 울고불고 하는 장면은 보기 힘들다. 현실적으로 양육이 가능한 쪽이 아이를 맡거나 두 아이를 한 명씩 나눠 키우기도 한다. 게다가 이혼 가정이 많아서 아이들도 부모의 이혼 때문에 기죽고 살지 않는다. 이제 다 큰 내 아들도 가끔 여자친구를 집에 데려왔는데, 내가 꼰대처럼 호구조사를 하다 보면 부모가 이혼한 것 같은 느낌이 들 때가 있었다. 아들에게 물어보니 같은 반 아이들 중 삼분의 일은 이혼한 가정 같다고 했다.

길은 하나가 아니다. '이건 아니다, 여긴 내가 갈 길이 아니다'라고 생각하면서 고통스런 늪에서 계속 살 것인지, 새로운 길을 찾아나설지 결정해야 한다. 너무 두려워서 용기가 나지 않는다면? 그냥 늪에 빠진 채 살면 된다.

이혼은 극히 자연스러운 것으로,
많은 집에서는 매일 저녁 그것이 부부 사이에 누워 있다.
- 세바스찬 샹포르

2

결혼은 선택,
이혼도 선택!

나는 결혼에 성공했고,
이혼에도 성공했다

우리 주변에서 이혼은 이미 일상이 되었다. 그럼에도 이혼을 지나치게 어려운 일로 생각한다. 결단을 내리지 못하고 망설이며 세월만 보낸다.

이혼을 5년 이상 사귀던 남자친구, 여자친구와 헤어지는 일 정도라고 생각하면 어떨까? 남녀가 4~5년 동안 사귀다가 헤어지면 굉장히 마음이 아프고 몇 달 동안 고생한다. 이혼도 그런 정도의 무게를 가진다고 생각하면 된다.

'이혼을 너무 쉽게 생각하는 것 아니냐?'라고 말할지 모른다. 하지만 인생은 원래 그런 것 아닌가. 쉽다고 생각하면 쉬운 것이고, 어렵다고 생각하면 어려운 것이다.

'불행한 결혼생활을 이어가는 것은 이혼보다도 못하다'는 다수 학자들의 연구 결과가 있다. 또 무려 75년 동안 이루어진 하버드대학교 성인발달 연구 결과, 행복한 삶을 살 수 있는 방안으로 '좋은 관계'가 가장 중요한 요소였다.

나도 이혼했다. 그런데 이혼해보니까, 지나고 나면 아무것도 아니라는 생각이 든다. 이혼할까 말까를 고민할 때는 굉장히 힘들었다. 하지만 이혼하고 6개월 정도 지나니 고통이 옅어졌고, 1년 정도 지나고 나니 아무렇지도 않았다. 1년이 더 지나자 새로운 세상이 펼쳐졌다.

새로운 이성이 나타나고, 거주지가 바뀌고, 취미생활이 바뀌고, 만나는 사람이 달라지고, 눈치 보지 않고 외국여행을 즐긴다. '아, 정말 이혼하길 잘했구나!' 하는 생각이 들었다. 우습게도 나를 이렇게 새로운 세계로 인도해준 전 부인에게 감사한 마음마저 솟았다.

심지어 전 부인은 나와 함께 고통스러운 시간을 보낸 철천지 원수가 아니라 현재의 나를 만들어주고, 나를 한 단계 업그레이드시켜주고 다음 사람에게 인수인계해준, 중간 단계의 임무를 수행한 사람이었다는 생각도 든다. 나는 결혼에 실패해서 이혼한 것이 아니라 먼저 결혼에 '성공'하고 이혼에도 '성공'한 것이다.

이혼을 고민하는 사람들은 주변 친구에게 고민 상담을 요청하는 경우가 많다. 그런데 반복해서 가정 문제를 이야기하면 주변 사람들도 힘들어진다. 서서히 바쁘다거나 깜빡했다면서 전화를 피하는 횟수가 늘어난다. 이처럼 주변 사람들을 곤란하게 하는 상황이 다섯 번 이상이고, 다섯 번 이상 이혼에 대한 의견을 묻고, 같은 이야기로 6개월 이상 주변 사람들을 괴롭히고 있다면 이혼하는 게 맞다. 고민을 들어주다 지친 사람들이 어느 날 "제발 그만 얘기하고 얼른 이혼해라!" 하는 날이 올 수 있다.

반드시 염두에 두어야 할 것은 지인들과 6개월 이상 상담한다고 해서 문제가 해결되지 않는다는 점이다. 친구들은 당신이 듣고 싶은 이야기만 해주기 때문이다. 당신이 배우자에게 미련이 남아 있음을 감지하면 '더 참고 잘해보라'는 조언만 해준다. 그들은 전문가가 아니고, 때로는 자신의 조언 때문에 진짜 당신이 이혼하면 원망을 들을지도 모른다는 생각에 단호하게 말하지 않는다. 더 이상 주변 사람들을 난처하게 하지 마라.

변호사로서가 아니라 직접 이혼을 경험한 사람으로서 얘기하는데, 정말 심각하게 이혼이 고민된다면 부부 상담 전문가나 변호사와 상담하길 바란다. 그들은 지인들과는 달리 객관적으로 냉정한 판단을 위한 조언을 해줄 것이다.

물론 이혼을 돈벌이로만 생각하는 변호사를 만나면 안 된다. 무조건 이혼소송을 하자고 하는 변호사가 그런 부류에 속한다. 이혼은 부부만의 문제가 아니다. 자녀는 물론 부모까지도 고통을 겪을 수 있는 일이다. 이혼만이 해결책이라고 장담할 수 없는 많은 상황이 있다. 이혼을 해야 할 상황과 이혼하지 않고 개선 가능성이 있는 상황을 잘 구별하고 솔직하게 이야기해줄 수 있는 변호사를 만나야 한다. 변호사 쇼핑도 해볼 만하다. 다만 상담료는 지불해야 한다. 안 그러면 상담이 부실해진다는 점은 염두에 두자.

이혼은 이혼일 뿐

이혼은 남녀 모두에게 큰 상처로 남는다. 가족, 친척, 친구, 직장 동료 등 많은 사람 앞에서 결혼식을 올렸고, 결혼 서약을 했던 사람과 잘 살아보려고 노력했던 세월이 있기 때문이다. 이혼은 살다 보니 어쩔 수 없이 갈라서서 남이 되는 과정이다. 잘잘못을 떠나 이혼하는 게 아무렇지도 않다면 그건 정말 거짓말이다.

이혼하고 나면, 맞춰가며 살려고 노력한 시간과 과정이 아깝고 억울한 생각도 든다. 남들은 다 잘 살고 있는데 나만 실패자가 된 건 아닌가 하는 자괴감이 드는 날도 분명 있다.

'결혼하면 남자는 여자가 결혼 전과 같기를 기대하지만 너무 변해서 힘들고, 여자는 남자가 결혼하면 변하리라 기대하지만 너무 안 변해서 힘들다'라는 말이 있다. 여자는 결혼하는 순간 생활인이 된다. 특히 출산하고 나면 몸이 변하고, 마음도 변한다. 아이를 먼저 챙기다 보니 남편은 뒷전이 된다. 자기를 돌보지 못하는 경우도 많다. 무엇보다 목소리가 커지고 강해진다. 남자는 결혼하면 가장이라는 책임감에 친구도 덜 만나고 술도 덜 마실 것 같지만 그렇지 않다. 자기 하고 싶은 건 다 그대로 하고 싶어 한다. 운동도 낚시도 취미생활도 포기하지 않는다. 때로는 일 핑계로 주말에도 가정을 방치한다. 아내가 독박육아에 지쳐가며 힘들다고 아우성을 쳐도 사회생활의 일부라고 변명한다. 그런데 요즘엔 이런 남편 참아주는 아내가 별로 없는 듯하다. 오히려 아이들에게 올인하지 않고 자기관리와 자기계발을 열심히 하는 여자들이 더 많다.

결혼한 지 3년밖에 되지 않은 젊은 부부가 있었다. 이들도 사랑해서 결혼했다. 남자는 평범한 직장인이었다. 여자는 친정이 넉넉한 편이라 그런지 대학 졸업 후 이곳저곳 직장을 옮겨 다니다 적응하지 못하고 그만둔 후 바로 결혼했다. 남자는 연애하는 동안 여자의 씀씀이가 좀 걱정되긴 했지만, 살림을 하면 달라질 줄 알았다. 결혼 후 남자는 입는 옷 브랜드를 한 단계 낮췄고, 면도기나 화장품 등도 결혼 전에 쓰던 것보다 싼 것을 골라 샀다. 자신의 월급으로 둘이 생활해야 한다는 부담 때문이었다. 전셋집은 부모님이 도와주셨지만, 내 집 마련은 스스로 해내고 싶었다. 그런데 여자는 결혼 전과 같은 생활을 바꾸지 않았다. 오전에는 스포츠센터에 가고, 오후에는 마사지 숍에 가거나 친구들 만나는 데 시간을 썼고, 늘 생활비가 부족하다고 했다. 결혼 후에도 친정에서 용돈을 받아쓰는 것 같았다. 사업을 하는 장인은 직장생활만 해서는 비전이 없다면서 사위에게 자주 훈계했고, 변변치 않은 직장에 다닌다고 무시하면서 주말이면 불러서 잡일을 시켰다. 그러다가 결혼 한 지 2년 후에 남자는 거액의 상속을 받게 되었다. 할아버지가 돌아가시면서 남긴 땅이 개발되어 보상을 받게 되었기 때문이다. 이 사실을 알게 된 장인은 남자에게 수시로 연락하고 회사까지 찾아오면서 노골적으로 금전지원을 부탁했고, 여자는 온갖 명품을 사들였다. 남자는 도무지 두 사람을 이해할 수가 없었다. 상속금은 들어오지도 않았는데 이렇게 행동하는 장인과 아내를 보면서 남자는 참다못해 이혼을 요구했는데, 여자가 거부하면서 이혼소송까지 하게 되었다. 아내의 사치와 처가에서 받은 부당한 대우가 이혼소송 사유였다. 이 남자는 어떻게 되었을까? 이혼한 후 회사를 그만두었고, 사법시험에 도전했고, 2년 후 변호사가 되었다. 내가 아는 변호사 얘기다.

이혼사유? 아마 이혼한 쌍만큼 다양하지 않을까? 내가 이혼했다는 사실을 밝히면 대부분의 4,50대는 대수롭지 않다는 듯 덤덤하게 반응한다. 하지만 2,30대는 의외라는 반응이다. 내 직업 때문인가? 결혼할 때는 변호사가 아니었다. 나는 변호사가 된 직후 이혼했는데, 직업이 바뀌었는데도 여전히 가난하다는 게 이유였다. 어쨌거나 나이가 좀 있는 사람들은 이미 주변에 이혼한 사람들이 있고, 인생의 단맛 쓴맛을 알고 있어서일지도 모르겠다. 그에 반해 2,30대는 아직도 결혼과 인생에 대한 환상이 많아서일까?

의뢰인과 상담할 때 나는 스스럼없이 이혼 사실을 밝힌다. 이혼 사건뿐만 아니라 재개발 재건축 사건을 상담하는 경우에도 조합원 자격의 변동이나 복잡한 재산관계를 설명하다 보면 의뢰인의 가족관계에 대한 이야기를 하게 된다. 이혼 경험이 있는 의뢰인들은 약간은 쑥스러워하면서 이혼했다고 고백하곤 한다. 그러면 나는 바로 응답한다. "저도 이혼했습니다. 그러니 부끄러워하지 말고 편하게 말씀하세요." "어머! 변호사님도 이혼하셨어요? 제가 전 남편한테 받은 부동산이라 옛날이야기를 제대로 못했네요. 이제는 속 시원하게다 말씀드릴게요!"

어느 순간 의뢰인은 나에 대한 경계를 푼다. 나는 솔직한사람이라는 이미지를 보여주면서 의뢰인으로부터 사건의경위를 꾸밈없이 진실 그대로 들을 수 있게 된다.

이혼, 할까? 말까?

결정의 순간이 온다. 나는 그 순간을 경험했다. 불안할 수 있다. 내 결정에 대하여 스스로 의심할 수도 있다. 이해한다. 하지만 오죽하면 그랬을까, 고통과 참을성은 늘 상대적이다.

"매일 큰소리 나고 물건이 박살나는 옆집 부부는 참고 사는데, 내가 고작 이런 일로 이혼한다고 하면 사람들이 욕하겠지?" 이렇게까지 답답한 사람은 없기를 바란다.

우리 회사 유튜브 채널에는 '이혼해본 이혼변호사'라는

내 인터뷰 영상이 있다. 보통 법무법인이나 변호사가 올린 글과 영상에는 댓글이 달리지 않는다. 법적인 제재나 각종 고소 등을 걱정하기 때문일 가능성이 높다. 이 영상은 올린 지 3년 정도 되었지만 지금도 꾸준히 댓글이 달리고 있다. 지지하는 내용도 많지만 비판도 많다.

"이혼 조장하시네."
"애들을 생각해야죠."
"결혼하면 참고 살아야지, 쉽게 이혼하는 거 아닙니다."
"돈 밝히는 변호사들의 이혼율이 최고라더니……." 등등.

부부는 남이다. 남남이 만나서 사는 게 결혼이니 쉽지 않다. 사람은 사랑만으로 살아지지 않는다. 살다 보면 서로 맘에 안 드는 부분이 보이기 시작한다. 한두 번 다투고 끝나면 다행이지만 싸움이 잦아지면 정말 얼굴도 보기 싫고, 그 상태가 오래 가면 하루하루가 끔찍해진다. 그러면 이혼하는 게 맞다. 아이가 없다면 이혼을 주저할 이유가 없다.

입만 열면 남편 욕을 하는 여자가 있다. 인간미 없이 차갑고, 말도 함부로 하고, 집안일은 하나도 안 도와주고, 독재자처럼 군림한다고 못 살겠다고 한탄한다. 이혼하고 싶어 죽겠다고 하소연이다. 그렇게 말하고 산 지 20년은 되는 것 같다. 그러자 친한 친구가 물었단다. "야, 그 얘기 이제 지긋지긋하다. 듣는 나도 지겨운데 넌 지겹지도 않니? 그러면서 왜 이혼은 안 하는데?" 그러자 그 여자가 갑자기 목소리를 확 낮추며 귀에 대고 말하더란다. "응. 실은 밤에는 끝내줘. 지금도 신혼 같거든. 게다가 일단 딴 짓 안 하고 돈은 벌어오잖니!" 맞다. 이런 경우는 절대 이혼 안 한다.

위 여자와 똑같은 경우라도 남자가 바람을 피거나 돈을 변변치 않게 벌고 있다면, 여자는 이혼을 심각하게 고려한다. 부부가 살면서 맞춰서 살아야 하는 것이 아마 백 가지 이상은 되지 않을까? 다 맞추기를 기대한다는 것 자체가 말이 안 된다. 그중에 몇 가지만 맞으면 다들 그냥 산다. 그런데 그중에 단 몇 가지가 정말 안 맞아서 헤어지는 것이다. 부부 사이는 당사자들 말고는 아무도 모른다.

싸울 만큼 싸워봐야 한다. 싸우다가 더 이상 방법이 없다면 그때 이혼을 결심해도 늦지 않다. 하지만 경제력도 없고, 아이를 맡아 키울 능력도 없다면 다시 생각해야 한다. 결행

결혼은 선택, 이혼도 선택!

하기 전에 무엇보다 먼저 자기중심으로 판단하길 바란다. 내가 행복한지, 아니 내 인생이 너무 낭비되고 있는 것은 아닌지, 이렇게 앞으로 이 사람과 3,40년 더 살 수 있는지, 배우자나 자녀의 입장까지 고려하고 배려하지 말고 오로지 자기 자신만 생각하자. 남자 여자 모두에게 해당하는 말이다.

주홍글씨가
사라지고 있다

　우리 사회는 전통사회에서 현대사회로 넘어오는 변화를 다른 나라에 비해 훨씬 더 급격히 겪었다. 그러다 보니 국가 시스템은 선진국 사례를 따라 완비했지만 이를 운용하는 사람들의 가치관, 윤리의식 등이 이에 따라가지 못하는 이른바 '문화지체현상(cultural lag)'이 생기곤 한다.

　결혼과 이혼에 대해서도 마찬가지다. 개인의 사생활 존중과 보호가 이미 우리 사회의 중요한 가치관으로 자리잡았는데도, 결혼 및 이혼에 대해서는 개인보다 가정과 질서를 더 중시하는 풍조가 여전히 남아 있다. 하지만 이러한 인식은 최근 급격히 변화하고 있다.

다음은 변호사인 내 친구가 페이스북에 쓴 글이다.

"나는 이혼을 나쁘게 생각하지 않기 때문에 누군가 이혼한다고 하면
이혼하라고 한다. 처음부터 그랬을까? 아니다. 처음에는 이혼을 말
렸다. 지금은 왜 그랬을까 싶다. 돌이켜 생각해보니 별 근거도 없더
라.

다만, 혼자 사는 건 건강에 별로 좋지 않으니 누구든지 마음에 맞는
사람과 같이 사는 게 낫다는 생각은 있다. 같이 사는 게 무조건 결혼
은 아닌 것 같다.

결혼은 같이 사는 여러 형태 중 하나가 아닐까 싶다."

여기에는 다음과 같은 댓글들이 달렸다.

"결혼이라는 계약은 10년 지나면 자동종료되는 것으로
헌법에 규정해야 합니다."

"지금의 결혼제도는 쫌 별로에요."

"옳으신 말씀이네요. 열린 마음. 인류 백만 년은 군거(群
居), 잡혼(雜婚)이며 공동체 생활이었고요. 결혼제도는 길어

야 수천 년, 일부일처제는 백 년입니다. 이제 결혼제도는 급속히 붕괴되고 있지요. 지금 결혼하는 젊은이들은 뒷북치는 겁니다."

"이혼해보니까 무척 편합니다. 이혼해서 혼자 살면 건강에 안 좋다는 말 다 거짓말입니다. 혼자 살다가 진짜 맘에 드는 여자 만나서 연애하면 건강이 팍팍 좋아집니다."

이러한 사람들의 인식은 통계로도 증명된다.

한국보건사회연구원의 '2018년 전국 출산력 및 가족보건·복지 실태조사' 보고서에 따르면 15~49세 기혼여성(1만 1천 207명)을 대상으로 이혼에 대한 수용성을 조사해보니, 기혼여성 10명 중 7명 이상이 부부 사이의 갈등을 풀 수 없으면 헤어지는 게 낫다고 여기는 것으로 나타났다(전적으로 찬성 18.1%, 대체로 찬성 54.1%). 이런 찬성 비율은 2015년 조사 때의 찬성 비율 65.6%보다 상승한 수치이다.

이혼에 대한 인식은 변하고 있다. 아니 이미 변했다. 다른 사람들이 어떻게 생각할까 끙끙대며 고통받지 않아도 된다. 다른 사람들의 시선 때문에 당신의 행복을 저당 잡히고 살지 말기 바란다.

이혼에 대한 인식에서 더 나아가서, 나는 결혼계약이 종신이나 무기한이라고 법으로 정한 제도는 인간의 존엄성과 행복추구권을 해치는 위헌이 아닐까 생각한다. 그런 점에서 귀책사유 여부를 떠나 1년 이상 별거하면 이혼하게 해주어야 한다.

그리고 아이들이 성장하기에 충분한 기간인 20년(아니 그보다 좀 더 짧아도 괜찮다)을 법정기간으로 하고, 기간 종료 6개월 전까지 특정한 의사표시가 없으면 자동 갱신되는 것으로 하되, 갱신되는 기간은 2년으로 해야 한다. 기간 종료 6개월 전까지 일방이 계약갱신 의사가 없음을 밝히거나 계약조건을 변경하지 않으면 갱신하지 않겠다는 의사로 간주해 종결시킬 권리를 주어야 한다.

그래야 인간의 존엄과 가치를 규정한 헌법정신에 맞다. 결혼계약을 '종신'으로 규정한 민법규정을 당장 헌법재판소의 전원재판부에 회부하고 공개변론을 열어야 한다. 생방송으로 중계하면 좋고.

일본에서는 배우자가 사망한 후에 이혼하는 '사후 이혼'

이 이슈가 되고 있다. 사후 이혼이란, '인척관계 종료신청서'를 제출함으로써 사망한 배우자의 가족들과 법적 관계를 정리하는 것이다. 배우자가 사망한 이후에는 법률적인 '이혼'은 불가능하지만, 위와 같은 제도를 만들어 이혼과 유사한 법률효과를 누리게 된다.

예를 들어, 시어머니를 계속 부양하는 것이 부담스러운 아내가 남편 사망 후에 시어머니와의 법적 관계를 정리하는 것이다. 일본에서는 이러한 '사후 이혼'이 2015년 2783건에서 2017년에는 약 5000건 정도로 증가하였다고 한다.

우리나라에도 머지않아 이러한 사후 이혼 제도가 도입될지 모를 일이다. 이처럼 이혼에 대한 인식은 바뀌고 있고 앞으로도 바뀔 것으로 보인다.

빨리 헤어져야 하는 유형들

도박 좋아하는 사람과는 빨리 헤어져라

도박을 좋아하고 즐기는 남자는 반드시 피해야 한다. 간혹 여자도 있다. 이건 연애나 결혼할 때는 물론, 재혼할 때도 고려해야 하는 점이다. 도박벽이 있는 사람과는 재고의 여지 없이 이혼하는 게 정답이다.

결혼 전에는 몰랐는데 막상 결혼하고 나니 도박벽이 있는 것을 발견하는 경우가 있다. 연애할 때는 가끔 연락이 끊기는 정도였는데, 결혼한 후 늦게 들어오는 날이 많고 가끔 안 들어오기도 했다. 시아버지가 중병으로 입원했는데도 남편이 병원에 나타나지 않자, 아내가 참다못해 위치 추적기를 달았다. 아내는 남편이 바람피우는 게 아닐까 의심했는데, 도박을 하고 있었다. 아내한테 걸리자 남편은 "다시는 안 할게", "본전 찾으면 그만둘게" 하면서 손이 발이 되도록 빌면서 사과했다. 그런데 이건 지금도, 앞으로도 치유불가다. 절대 한 번으로 끝나지 않는다. 이런 사람과는 무조건 이혼해야 한다.

주식투자에 미친 경우도 마찬가지다. 처음에는 소액으로 용돈벌이한다고 말한다. 수익이 났다며 배우자에게 뜻밖의 돈을 주기도 한다. 그런데 거기에 재미를 들인다. 월급쟁이 생활보다 낫다면서 회사를 그만둔다면 위험신호다. 친구들 돈까지 끌어 모아 대신 투자하고 있다면 당장 말려야 한다. 그러다가 신용대출, 집 담보대출 다 끌어다 쓴다.

전업투자자 중에 성공하고 잘 나가는 사람들은 거의 24시간 주식만 공부하는 사람들이다. 대박을 노리고 투자에 뛰어드는 사람들이 아니다. 그저 요행으로 어쩌다가, 좋은 정보가 있어서 주식투자를 시작했다면 반드시 말려야 한다. 잘 나가는 전업투자자도 때로는 큰돈을 잃는다. 죽을 각오로 덤벼들어도 살아남기 힘든 곳이다. 다 잃고 나서 이혼하느니 더 망가지기 전에 이혼하는 게 낫다.

바람둥이

바람둥이 중에는 능력 있는 사람들이 많다. 돈까지 있으면 인기도 많다. 특히 이성한테. 내가 반했으니 다른 사람들이 안 반할 리 없다. 단순히 잘 생기고 예쁘고의 문제가 아니다. 바람기 있는 사람들은 대개 꽤 매력적이다. 평소에 누구나 좋아할 수밖에 없는 행동을 한다. 그런데 문제는 그렇게 자신을 봐주는 사람들을 다 사랑한다는 점이다. 바람이 들키기라도 하면, 자기를 좋아하는 사람을 어떻게 그냥 두냐고 변명한다. 연애할 때는 상대가 일방적으로 좋아해서 거절하지 못했다고 변명한다. 결혼하고 나서는 잠시 실수한 거라고 한다. 이런 사람, 남자든 여자든 나이가 아무리 들어도 변하지 않는다. 일부일처제 시대에 태어난 게 억울하다고 농담처럼 하소연하는 사람들이다. 농담이라도 이런 말하는 사람 있다면, 주의해야 한다. 사람 안 변한다.

솔직히 터놓고 얘기해보자. 아내 또는 여자친구가 바로 옆에 있어도 예쁜 여자가 지나가면 눈이 그쪽으로 쏠리는 게 남자들이다. 여자는 아니라고? 여자들도 자기 남자가 옆에 있어도 멋진 남자를 보면 다시 보게 되는 게 당연한 거 아닌가? 문제는 남자는 바람을 로망처럼 생각하기도 하고 실제로 실행에 옮기는 경우가 종종 있다는 것일 뿐. 그런데 요즘에는 꼭 남자들만 그런 건 아닌 듯하다. "걔, 마누라가 바람나서 집 나갔대." 이런 말 심심치 않게 듣는다.

어쨌든 바람둥이 기질이 보이는 사람과 사귀거나 결혼한 사람들은 그 바람기가 어느 정도인지 확인해볼 필요가 있다. 생각만 할 뿐 실행에 옮길 사람인지 아닌지, 결혼하기 전에 그냥 적당히 여러 여자 만나본 정도의 남자인지, 아니면 같은 남자가 보기에도 저건 인간적으로 너무했다 싶은 사람인지 구별하는 게 중요하다. 그런 판단을 위해서는 주변 사람들의 이야기를 들어보는 것이 좋다.

자신의 책임을 이행하지 않는 배우자

앞에서 이야기했듯이 결혼도 비즈니스고 거래다. 따라서 당사자들은 각자의 의무를 잘 이행해야 한다. 각자의 의무에 대한 불이행이 심해지면 불평등에 대한 불만이 높아진다.

아주 노골적으로 적나라하게 이야기를 하자면, 결혼은 섹스파트너를 공식화하고 공개하는 일이 아닐까? 앞으로 나는 이 사람하고만 섹스를 하겠다는 공개선언과 같다. 안 그런가? 그리고 그와 동시에 남자는 가장으로서 가정의 경제를, 여자는 가정의 살림과 육아를 책임져야 하는 의무를 나눠 가진다(여성이 전업주부임을 전제로 할 때). 이런 주계약에 각종 다양한 옵션이 붙고, 부수적인 계약(종된 계약)이 첨가되며, 주계약이 약간씩 변형되기도 한다(여성이 직장을 가지면 더 변형된다). 그래서 결혼한 후 월급을 가져다주지 않는 남편은 가장 중요한 계약을 위반하는 것이다. 그리고 부부가 일정 기간 동안 섹스를 하지 않는 것 또한 서로에게 약속한 계약을 위반하는 것과 같다.

예를 들어, 내가 아는 부부는 남자가 사업을 크게 하다가 망한 후 아내가 경제활동을 하면서 살고 있다. 남자는 자신이 잘 나갔던 때만 기억하며 수시로 대박을 꿈꾸면서 여자가 벌어다 주는 돈으로 놀고먹는다. 가사와 육아도 모두 아내 몫이다. 이 정도 되면 남편이 아니라 기생충이다. 이런 남자와는 얼른 헤어져야 한다. 처자식에 대한 기본적인 책임감이 없는 남자는 그냥 혼자 살게 해주는 게 훨씬 낫다.

모두를 위해서.

　결혼하고 3년이 지나도 아이가 없는 어느 부부가 있었다. 뭐 특별한 경우는 아니라고 생각했다. 그런데 어느 날 남자가 나에게 상담을 청했다. 이혼하고 싶다고 했다. 이유를 듣고 나는 깜짝 놀랐다. 그 부부는 신혼여행 후 단 한 번도 잠자리를 갖지 않았다고 한다. 왜? 남자는 그걸 모르겠다고 했다. 결혼 전에는? 여자가 원치 않았고 남자는 여자의 뜻을 존중해서 스킨십 정도에서 그쳤다고 한다. 그런데 신혼여행 후 여자는 섹스에 대한 흥미를 완전히 잃었고, 계속 잠자리를 거부하니 남자도 이제는 지쳤다고 했다. 진지하게 이야기를 나누어봤냐고 했더니, 여자는 '사랑하는데 그게 뭐 그리 중요하냐?'라는 말만 반복한다고 했다. 뭐라고 충고할 말이 없었다. 분명 이혼사유에 해당한다. 내가 그 여자를 만나본 게 아니니 자세한 감정 상태는 알 수 없다. 하지만 이 정도라면 결혼을 유지하기는 현실적으로 힘들다.

　섹스도 의무다. 섹스가 싫다면 결혼도 하지 말았어야 한다. 섹스는 안 해주면서 남편한테 생활비 받고 보살핌 받기를 원하는 것은 지독한 불공정거래 행위다. 남자는 빨리 이

혼해야 한다. 실제로 성교 거부 또는 불능은 이혼사유에 해
당된다는 판례도 있다.

이혼의 자격

진짜 이혼을 하고 나면 어떨까? 고통이 오래 갈까? 몇 년이 지나도 큰 불편은 없을까? 외로워서 힘들고, 건강도 나빠지고, 혼자 사는 티가 나지는 않을까? 적어도 내 경우는 그렇지 않았다. 다만 여기에는 조건이 있다.

① 궁색해 보이지 않을 정도의 경제력이 있거나
② 적당한 취미가 있어서 외롭지 않거나
③ 외모와 몸매 관리를 통해 매력적인 육체를 가지고 있
　거나

이중 한 가지는 있어야 한다. 그렇지 않으면 어쩔 수 없이 초라해진다. 아! 한 가지가 더 있다.

④ 자녀양육 문제의 해결이다.

이 문제는 이혼을 고민하는 많은 사람들이 가장 걱정하는 부분이므로, 따로 자세하게 다루려고 한다. 여기서는 간단하게 내 이야기만 하겠다. 나는 이혼 후 두 아들을 키웠다. 아이들이 어릴 때는 봐주시는 도우미 이모가 있었고, 중학생이 된 이후로는 아이들이 모든 걸 스스로 알아서 하도록 했다.

어쨌든 이혼을 감행하려면 위 세 가지 중 한 가지는 이미 가지고 있거나 장래에 가질 자신이 있거나 그렇게 될 수 있도록 노력하는 사람이어야 한다. 물론 이혼 당시에 아무것도 가지지 못했다 하더라도 새로운 인생을 개척하기 위해 노력하면 얼마든지 가능하다. 오히려 절박한 상황에 몰리면 이를 악물고 더 노력하게 된다.

그렇게 노력할 자신이 없으니까, 지금보다 더 힘들지도

몰라 두려워서, 그냥 현재의 상태, 즉 지옥 같은 결혼 상태를 그저 견디자고 생각하는 것이다. 새로운 인생을 개척할 자신이 없는 사람이 대부분 '자식 때문에 산다', '이혼하면 재산을 나눠야 하니까 가난해진다' 등의 핑계를 댄다.

'이혼을 너무 조장하는 게 아니냐'라고 생각하는 사람이 있을지 모른다. 그러나 경제력이 있고 직업이 있는 상태라면 현재와 같은 불행한 결혼생활을 유지하느니 이혼하는 게 더 낫다. 직업도 경제력도 없으면 망설이는 게 당연하다. 상담을 해보니, 배우자가 바람피우고 폭력을 행사하는데도 참고 사는 이유는 대부분이 경제적인 문제 때문이었다.

나는 이혼을 하느냐 마느냐는 인생을 살아가는 자기계발의 관점에서 바라보아야 한다고 생각한다. 최소한 한 달에 150~200만 원이라도 벌 수 있는 능력이 있다면 과감하게 판단해도 된다. 자기 인생을 스스로 새롭게 설계할 만한 경제력이 있다면 이혼은 분명 새로운 세계로 안내하는 문이 될 것이다.

이혼상담을 하러 온 여성 의뢰인들에게 내가 반드시 묻

는 질문이 세 가지 있다.

① 이혼할 의사가 확고합니까?

② 자녀는 누가 키울 건가요?

③ 이혼하신 후에는 어떻게 먹고살 겁니까?

대부분 ③번에서 막힌다. 그러면 그것부터 대책을 마련한 후에 다시 오라고 하고 일단 돌려보낸다. 좀 매몰차 보이지만 매우 중요한 문제다. 솔직히 말해서 돈 없으면 이혼 못한다. 이혼해도 못 버틴다.

양육권을 가지면 전 남편이 양육비 보내줄 테니까 버틸 수 있다고 생각하면 큰 오산이다. 양육비 그렇게 많이 안 나온다. 양육비란 전 배우자에 대한 부양비 개념이 아니라 자녀 양육에 들어가는 비용 절반을 부담하는 개념이다.

그리고 재산 분할받은 돈으로 남은 인생 먹고살려면 신문에 나오는 부잣집 며느리 정도는 되어야 한다. 대부분의 사건이 재산분할 3~4억 원, 위자료 2~3천만 원 수준인데, 살 집 구하고 나면 남는 것이 없게 된다. 마음 아픈 얘기지만 경제적 자립 없이는 인격적 자립도 없다.

아니다 싶으면
정말 아니다

나는 이혼하려면 차라리 '빨리' 하라는 조언을 하곤 한다.
나이에 상관없이 빨리 이혼하는 것이 새 출발하는 좋은 기
반이 된다.

어차피 인생은 고달프고 고생스러운 여정이다. 인생의 풍
파가 빨리 찾아오느냐 늦게 찾아오느냐의 차이가 있을 뿐,
누구에게나 굴곡은 있다. 젊어서 고생하고 노년에 활짝 피
는 사람이 있는가 하면, 젊어서 탄탄대로를 걷다가 노년에
온갖 고초를 겪는 사람도 많다.

누구나 인생에서 고생은 언젠가는 겪게 되고 결과적으로 총량은 비슷하다는 의미에서 '고생총량균등의 법칙'이라고 부른다. 고생총량균등의 법칙을 생각하면 고생은 젊어서 하는 것이 더 낫지 않을까? 이혼도 마찬가지다.

　사람은 모두 자신만의 경험과 고민을 안고 산다. 부유하고 직업이 안정되어 행복해 보이는 사람도 친해지고 난 후 술 한 잔 기울이면 탄식이 나올 만한 아픈 경험을 털어놓는다. 세상의 고민 같은 건 아예 없어 보이는 사람인데도 참 어려운 일을 겪은 경우도 많이 보았다.

　부모님과의 문제, 형제간의 다툼, 이혼, 교통사고, 수년간 피땀 흘린 노력으로 모은 돈을 사기로 날리기, 파산, 재판에 휘말리기, 인터넷에 구설수 오르기, 돈을 많이 벌고 난 뒤 암 진단, 느닷없는 해고, 지병 등 없으면 좋을 일들을 나이 들어갈수록 더 많이, 더 자주 겪게 된다. 인생은 전쟁터이고 끊임없는 투쟁의 연속이라는 사실을 절감하고, '이제 앞으로 5년 후, 10년 후에는 또 어떤 시련이 기다리고 있을까?' 하는 생각이 들기도 한다.

20대에는 자기 인생은 앞으로 밝은 일만 있을 것이라 기대하고, 결혼하면 이혼 같은 일은 절대 하지 않을 거라고 생각하지만, 인생은 생각보다 내 마음대로 안 된다. 그렇게 완벽한 인생을 꿈꾸는 순진한 사람일수록 고통은 더 많이 찾아온다.

하지만 젊어서 고생을 해보고 쓰라림을 맛본 사람들은 인생에는 황당함과 고통, 느닷없는 횡재도 있다는 이치를 알기에 앞날을 장밋빛으로만 보지 않는다. 나쁜 일이 다가와도 실망하지 않고 묵묵히 앞을 향해 나아간다. 젊어서 한 고생이 예방주사 역할을 톡톡히 해준다.

잠시 다른 얘기지만, 장밋빛 인생만을 꿈꾸게 하는 교육도 문제다. 학교에서는 사람이 어떻게 망가지는지도 가르쳐야 한다. 투자사기를 당한 사람들의 생생한 이야기, 화려한 결혼식 뒤에 이어지는 결혼생활의 고단함과 혹독함 등 냉정한 현실 사례도 많이 가르쳐야 한다.

세상에는 도덕불감증에 걸린 사람들이 존재하고 생각보다 그런 사람이 매우 많다는 점을 일깨워주어야 한다. 하지만 이런 내용이 교과서에 실려 학교에서 가르치거나 입시 문제로 나오기를 기대하는 것은 무리다. 독서를 통해 스스로 배울 수밖에 없다.

운 좋게 가족이나 주변 사람 중에 현자(멘토)가 있어서 가르침을 받는다면 대단한 행운이다. 로버트 기요사키는 성장하면서 친구 아버지에게 돈의 세계에 대해 생생한 수업을 들었고, 도널드 트럼프는 어릴 적부터 자기 아버지한테 사업의 세계를 보고 배울 수 있었다. 이런 행운이 없다면 스스로 독서를 통하거나 현자를 찾아 부지런히 배워야 한다. 그리고 그 지혜를 자신의 것으로 만들어야 한다.

헤어질 결심을 했다면, 당신이 겪는 어려움을 너무 나쁘게만 생각하지 말자. 이혼까지 이르는 과정은 힘들고 고통스럽다. 하지만 그 고통이 지나면 더욱 단단해지고 새로워진 사람으로 다시 태어난다. 20대 후반, 30대 초반에 이혼했거나 현재 어려움을 겪고 있다면 오히려 다행이라 생각하고 멋지게 돌파해보기 바란다.

자꾸 반복하지만, 어차피 헤어질 거라면 빨리 헤어지는

편이 낫다. 아이들을 위해서도 빨리 헤어질 것을 권한다. 부부는 헤어지더라도 아이를 사랑하고 잘 키우고 싶은 마음은 남아 있기 때문에 '자녀 양육'에 대한 공동 관심사는 협력할 수도 있다. 전화 차단하고, 정말 꼴도 보기 싫고 말도 꺼내기 싫은 정도가 되면 서로에게는 물론 아이들에게도 나쁜 영향을 끼친다. 적어도 전화나 문자를 주고받으면서 "오늘 애가 거기로 갈 테니까 받아줘." "몇 시에 도착할 거야. 집 앞에서 기다려!"와 같은 대화를 할 수 있을 정도면 충분하다. 갈 데까지 가야 이혼한다고 생각하는 경우가 많지만, 정말 갈 데까지 가서 이혼하면 몸과 마음, 영혼마저도 너덜너덜 피폐해진다. 살던 사람과 철천지 원수가 아닌 정도는 되어야 새 출발할 생각도 들고 준비할 여유도 가질 수 있다.

행복하겠다는데
나이가 어때서?

흔히 다 늙어서 무슨 이혼이냐며 주책이라고 이야기한다. 그러나 최근 통계를 보면 이러한 생각이 고정관념에 불과하다는 것을 알 수 있다.

한국가정법률상담소 자료를 보면, 이혼상담에서 60대 이상이 차지하는 비율이 최근 들어 가파르게 증가하고 있다. 2008년에는 여자 5.8%, 남자 12.4%였지만, 2018년에는 여자 23.5%, 남자 36.3%로 급증했다. 60대 이상이 차지하는 비율이 10년 전에 비해 여자는 4.1배, 남자는 2.9배 증가했다. 2018년도에 이혼상담을 한 60대 이상 여자 774명 가운데 60대는 560명, 70대는 188명, 80대 이상은 26명이었다. 반대로 남자는 495명 중 60대 313명, 70대 142명, 80대 이상은 40명이었다.

통계청의 '2018년 혼인·이혼통계'에 따르더라도 이혼은 10만 8,700건, 이혼 부부 3쌍 중 1쌍은 결혼 20년 차 이상 부부였다. 결혼 20년 차 이상 부부의 이혼은 9.7%(3만 6,300건) 늘었고, 30년 차 이상 부부의 이혼도 17.3%(1만 3,600건) 증가했다. 특히 20년 차 이상 부부의 이혼 비중은 통계 작성 이후 최대치를 기록했다.

황혼이혼, 창피한 일이 아니다. 황혼에도 누구나 행복할 권리가 있다. 최근 들어 소설가 이외수 씨, 탤런트 백일섭 씨처럼 자신의 '졸혼'을 공개하는 사람들이 많아졌다. 졸혼이란 '결혼을 졸업한다'라는 뜻으로, 이혼과는 다른 개념이다. 혼인관계는 유지하지만, 부부가 서로의 삶에 간섭하지 않고 독립적으로 살아가는 개념으로, 일본에서부터 시작되어 많은 사람들의 공감을 얻고 있다.

졸혼을 선택한 사람들은 졸혼 후 살림 전반을 홀로 책임져야 한다는 부담은 생겼지만 만족감이 더 커졌다고 한다. 어떤 사람은 졸혼 후 자신의 표정이 달라졌다며 "아내와 같이 살 때는 미움과 갈등이 많아서 얼굴 펼 일이 없었지만, 졸혼 후 미움이라는 게 없어지니까 훨씬 밝아지고 생각도 달라졌다. 갈등도 정리가 많이 됐다."라며 졸혼 예찬론을 펴기도 했다.

최근 한 기사에서 졸혼에 대한 인식을 조사한 결과(〈파이낸셜 뉴스〉 2019. 4. 27. '"졸혼 어떠세요?"_ 종로3가 할아버지에게 물었다' 참조) 노인 중 절반 이상이 졸혼에 대하여 알고 있었다. 졸혼에 긍정적인 반응을 보인 노인들은 '자유롭게 살 수 있다'거나 '잠깐 따로 살 시간을 갖는 것도 괜찮겠다'고 말했다. 다만 졸혼이 법적 관계를 해소하는 것은 아니므로 변호사의 도움을 받아 법적 안전장치를 마련해두는 것이 좋다.

간통죄 사라진 시대의
배우자 불륜 대처법

2015년 2월 26일 간통죄가 폐지되었다. '국민의 성적 자기결정권과 사생활의 비밀 자유를 침해하는 것으로 헌법에 위반된다'는 헌법재판소의 결정으로, 1953년에 제정된 후 62년 만에 사라진 것이다. 간통죄가 폐지되자 마치 모든 남녀가 간통을 시도할 것처럼 우려하는 목소리가 곳곳에서 들렸다. 불륜에 면죄부를 주었다면서 한탄하기도 하고, 여성들이 불륜 남편을 벌줄 방법이 사라졌다고 안타까워하기도 했다.

간통죄 폐지로 형사처벌은 안 받지만 민사책임은 져야 한다. 간통현장을 들키면 배우자에게 민사손해배상을 해야 하고, 이혼에서 귀책사유가 인정되어 위자료와 재산분할에서 불이익을 받는다. 따라서 여전히 흥신소에 배우자의 불륜을 조사하도록 의뢰하는 것은 의미가 있다.

배우자의 불륜이 의심된다면 어떻게 해야 할까? 먼저 부부싸움을 한 후 상대가 가출을 했다면 즉시 배우자의 물건들을 잘 살펴서 불륜이나 간통의 흔적이 될 만한 것을 찾아내야 한다. 사진도 찍어두고 복사도 하면서 챙겨두어야 한다. 화해하고 계속 살 생각이라면 아예 모른 척 눈을 감는 것도 한 방법이다. 그럴 생각이 전혀 없다면 철저하게 준비해야 한다. 내가 전쟁을 준비하고 있다고 느끼면 상대도 총을 겨눈다. 어차피 끝낼 생각이 양쪽 모두에게 있다면 전쟁준비를 먼저 단단히 한 쪽이 이긴다.

배우자의 간통은 여전히 이혼에서 중요한 요소로 작용한다. 간통한 배우자를 형사재판에 세우거나 감방에 보내지는 못하지만 재산분할을 할 때 주요 압박 요소로 사용할 수 있다. 배우자의 불륜으로 상처받고도 가정을 지키겠다고 혼자 발버둥친다고 몸과 마음이 떠난 배우자가 다시 돌아올까?

물론 바람은 바람이고, 가정은 가정대로 지킨다는 배우자 유형도 있긴 하다. '가정은 지켜주니 감사합니다' 하면서 계속 견디고 살 수 있으면 그냥 살면 된다. 한 집안에서 남처럼 사는 부부도 많다는데, 그 정도는 할 수 있다는 생각이라면 말리지 않겠다. 하지만 참고만 살기에는 우리 인생이 그리 길지 않고, 남은 인생도 소중하다는 점은 꼭 기억해두기 바란다.

요즘은 몇 천 원을 쓸 때도 신용카드를 사용한다. 아주 마음먹고 치밀하게 불륜 상대와 움직이는 모든 곳에서 현금을 쓰는 사람이 있을 수 있다. 하지만 대부분은 아무 생각 없이 신용카드를 쓴다. 배우자가 불륜을 저지르고 있다는 확신이 든다면 이혼소송이 제기된 경우에 신용카드 사용 조회를 하면 된다. 거기에 무엇을 먹고 무엇을 하고 어디에서 잤는지 모든 증거가 다 있다. 믿었던 배우자에게 뒤통수 맞고 울며불며 매달리지 말고, 미리 공격할 준비를 해두어야 한다. 참고로 이혼소송에서는 해외출국 사실도 다 조회할 수 있다.

바람피운 배우자의
상간자를 잡는 가이드라인

2015년, 헌법재판소가 간통죄 위헌 결정을 내리면서 당시 간통죄로 수사 및 재판을 받던 사람들은 자유의 몸이 되었다. 그러나 대한민국 사회가 바뀐 규범을 온전히 수용하기는 아직 이르다는 여론이 있는 것도 사실이다. 소위 '배우자의 간통현장을 목격한' 사람들은 어떠한 방식으로든 배우자를 처벌하고 싶을 것이다.

이제는 이혼도 아니고, 간통으로 인한 형사처벌도 아닌, '배우자의 간통행위로 인해 내가 입게 된 정신적 피해'를 보상받을 방법을 찾아 나서야 한다. 이를 위해서는 다음과 같은 가이드라인을 미리 숙지하고 철저히 대비하는 게 좋다.

같이 바람을 핀 상간자의 정체를 밝혀라

우선, 상간자가 누구인지를 구체적으로 파악해야 한다. 이름, 나이, 직업, 전화번호, SNS 정보 등……. 생각보다 가까운 사람일 수 있고, 여러 관계로 얽혀 있는 사람일 수도 있다. '관계'를 파악해야 법률자문을 받더라도 관계에 맞는 효과적인 대안 제시와 공격과 방어 방법을 준비할 수 있다.

바람피웠다는 걸 무엇으로 증명할까?

우선은 카톡 또는 문자 메시지다. "보고 싶어", "어제 어땠어?", "사랑해", "어디서 만나?" 등등 바람피웠음을 추정할 수 있는 증거를 차곡차곡 모아 놓아야 한다. 또한 배우자 차량의 블랙박스를 확보하는 것도 중요하다. 바람은 주로 차량을 중간기지로 이루어질 가능성이 높으니까. 그러나 때로는 블랙박스에 담긴 음성에서 자신을 혹독하게 비난하는 배우자의 말을 듣고 충격받을 수도 있다.

제한기간

만일 법적으로 상간자를 혼내주고 싶고, 위자료를 받아내고 싶다면 그 시효(행사가능 기간)가 배우자의 부정을 안 날로부터 3년임을 숙지하고 있어야 한다.

민법 제841조 (부정으로 인한 이혼청구권의 소멸)

전조 제1호의 사유는 다른 일방이 사전 동의나 사후 용서를 한 때 또는 이를 안 날로부터 6월, 그 사유 있는 날로부터 2년을 경과한 때에는 이혼을 청구하지 못한다.

민법 제766조 (손해배상청구권의 소멸시효)

① 불법행위로 인한 손해배상의 청구권은 피해자나 그 법정대리인이 그 손해 및 가해자를 안 날로부터 3년간 이를 행사하지 아니하면 시효로 인하여 소멸한다.

② 불법행위를 한 날로부터 10년을 경과한 때에도 전항과 같다.

간통해도
위자료 물지 않는 경우

부부가 결혼생활이 이미 파탄 난 상태에서 별거 중이었다면, 배우자와 바람을 피운 상대방에게 손해배상을 청구할 수 없다고 본 판결이 최근에 있었다(법률신문 2017.2.15.자, [판결] 결혼생활 파탄 상태에서 부부가 별거하고 있었다면, 참조). 이미 혼인파탄 상태에 있었기 때문에 바람과 혼인파탄 사이에 인과관계가 인정되지 않는다는 판례이다. 이는 예외적이고 엄격하게 유책배우자의 이혼청구를 인정하고 있던 우리의 판례 태도(유책주의)에 비추어볼 때, 파탄주의를 인정하는 방향으로 판례가 바뀌어가고 있음을 보여주는 사례다.

그러나 법원은 여전히 '파탄상태'의 기준을 동거하고 있는지의 여부로 보고 있다는 점에서 아직 시대의 흐름을 제대로 반영하지 못하고 있는 것 같다. 즉, 아직 별거상태가 아니라 동거상태에 있는 경우에도 그 동거상태에 따라서 혼인관계가 파탄된 것으로 인정될 여지가 있다고 나는 생각한다.

내가 다룬 사건 중에는 부부가 심리적·육체적으로는 완전히 단절 상태이고 서로 다른 이성을 만나고 있었지만, 자녀문제와 주거문제 등으로 동거와 별거를 반복한 경우가 있었다. 이 경우를 과연 결혼관계가 '파탄' 나지 않은 것으로 봐야 하는지 생각해볼 일이다.

판사들은 '최후의 동거시점'을 기준으로 파탄여부를 판단해야 한다고 한다. 하지만 심리적·육체적인 공동생활 없이 한 지붕 아래 남남처럼 각방을 쓰면서 사는 경우라면? 간통죄가 없어지고 민사책임도 약화되고 있는데, 아직도 동거여부만을 기준으로 파탄여부를 판단하는 것은 너무 단순한 기준 아닐까?

하숙집에서 하숙생들은 같은 지붕 아래 같은 공간에서 살지만 '동거'라고 보지 않는다. 부부를 그렇게까지 볼 수는 없겠지만, '같은 집에 살고 있다는 동거여부'만을 기준으로 파탄여부를 판단하는 것은 바뀌어야 한다고 본다.

사실상 파탄상태에서 다른 이성과 사귀면, 그것은 파탄의 '원인'인가 아니면 파탄의 '결과'인가? 10여 년을 같이 살다가 불화가 지속되어 원만한 결혼생활의 지속은 사실상 포기한 채로, 서로의 사생활에 완전히 무관심하게 되는 경우가 있다. 잠자리가 끊긴 지는 이미 오래 되었고, 늦게 들어와도, 뭔가 낌새가 이상해도 묻지 않는 단계가 있다.

이러한 상태가 몇 년간 지속되다가 참지 못하는 쪽에서 이혼소송을 제기한다. 또는 오랫동안 냉랭한 상태에서 상대가 이성과 사귄 증거가 발견되면 발견한 사람은 '옳다! 잘 걸렸다' 하면서 이혼소송을 제기하고, 마치 이것이 파탄과 이혼의 결정적인 '원인'인 것처럼 주장할 수 있다. 이런 경우 바람피운 증거가 명백하다면 판사는 일상적으로 위자료 3천만 원을 부과하는 결정을 내린다. 그러나 가만히 생각해 보자. 과연 그 만남이 이혼의 근본적인 '원인'이었는가?

결혼은 선택, 이혼도 선택!

부부는 이미 다른 원인으로 사실상 파탄상태였고, 그러한 상태에서 일방이 다른 이성을 사귄 것이다. 정식 이혼은 안 했으니 간통이나 불륜이라고 할 수는 있지만, 이것을 비도덕적이라고 비난하거나 파탄과 이혼의 직접 원인이라고 보고 위자료를 부과하는 것이 맞을까? 좋은 꼬투리를 잡았다고 하면서 상대방에게 골탕을 먹이려는 배우자의 복수심을 충족시키는 수단에 불과한 것은 아닐까? 한번 생각해볼 일이다.

그 바람이 이혼에 끼친 영향은 얼마나 되는가? 판사들은 여기까지는 고려하지 않는 것 같다. 일단 법적인 혼인생활 중에 불륜 증거가 나왔으니 기계적으로 위자료를 부과한다. 사실 그 바람은 상대방도 눈치채고 있었고, 사실상 용인 또는 방관하고 있었으며, 이혼은 가까운 장래에 현실이 되려는 상황이었다. 그 상황에서 부부는 서로가 서로를 포기하고 있었다. 그런데 위자료라니?

'사실상 파탄'도 파탄이다. 사실상 파탄 이후 서로가 개인 생활을 방치하고 용인하는 수준이었고 잠자리도 하지 않았다면 그 기간 동안에 이루어진 바람은 파탄과 이혼에 원인을 제공했다고 보기 어려우며, 그렇게 본다고 해도 매우 미미하다고 봐야 하지 않을까?

이걸 꼬투리 삼아 고액의 위자료 부과와 재산분할에 영향을 주는 것은 지나치게 기계적이고 형식적인 발상이 아닐까? 그럼에도 불구하고 아직 사법부는 불륜의 증거가 발견되면 기계적으로 위자료를 부과한다. 그러니 조심해야 한다. 이혼에 거의 이르도록 상태가 악화되었다고 하더라도 배우자가 아닌 다른 사람과 만나는 흔적은 절대 남겨서도 들켜서도 안 된다.

"비록 바람을 피웠더라도 그것이 혼인생활의 파탄과 이혼에 결정적인 이유가 아니고, 파탄상태의 완성 과정에서 부수적으로 발생하였다고 인정되는 경우에는 위자료 금액에서 상당부분 참작되어야 합니다."라고 나는 실제 재판 과정에서 줄기차게 외쳐왔다. 언젠가는 나의 변론이 결과를 낼 것이라고 생각한다.

법은 사람을 위한 것이며, 사람 사는 세상은 급격히 변한다. 당연히 법도 변해야 한다. 2005년 이전에는 동성동본 결혼 금지법이 있었지만 지금은 사라졌다. 같은 성, 같은 본, 심지어는 같은 파라고 하더라도 8촌 이내의 혈족, 6촌 이내의 인척이 아니면 지금은 결혼할 수 있다. 생각해보면 정말 터무니없는 법이 오랫동안 우리 사회에 있었다. 법은 계속 변한다. 그 시대를 살아가는 사람을 중심으로, 사람을 위한 방향으로…….

또 얼마 전에는 남성에서 여성으로 외부성기 형성 수술을 받지 않았더라도 성별정정이 가능하다는 법원의 첫 결정이 나왔다.(법률신문 2017.2.16.자 기사, [판결] 법원, '남 → 여' 성기수술 안한 성전환자 성별정정 첫 허가, 참조)

지금까지 판례 태도를 요약하면, 처음에는 태생적 성별만 인정하고 성전환 수술을 한 사람에 대하여도 법원이 성별정정허가를 안 해주다가, 성전환 수술을 한 자에게는 성별정정을 해주는 방향으로 바뀌었고, 이제는 성기 전환수술을 안 하더라도 성별정정을 해주는 시대가 된 것이다.

법원의 판례가 계속 바뀌는 것은 사회, 환경, 사람들의 인식 등이 바뀌는 것을 감지한 변호사들의 오랜 노력에 의한 결과라고 할 수 있다.

환경변화에 따라 법률이 입법기관에서 바로 개정되면 좋겠지만, 실제적인 문제에 당면한 법원이 기존 법률의 탄력적 운용을 통해서 분쟁을 해결해주어야 한다. 이러한 법원의 견해변경을 위해서는 변호사들이 투쟁해야 한다. 법조인들은 법 논리, 형식 논리에 매몰되어 현실을 간과하지 말고 법의 존재 목적을 항상 기억해야 한다. 특히 판사들이나 공무원들은 자체 내규에 따라 조직의 질서 유지를 위해 보수적인 판단을 하는 경우가 많다. 그래서 변호사의 역할이 더 중요하다.

변호사들은 시대의 흐름을 제대로 반영하지 못하는 법률, 폐습 등에 지속적으로 도전해야 한다. 현장에서 깨지고 다시 또 도전하는 과정을 통해 법이 살아 움직일 수 있도록 노력해야 한다.

연애는 가장 좋은 점들을 드러낸다.
결혼은 그 외의 나머지 것들을 드러낸다.

– 린 하이타워

3

김변이 생각하는
연애와 결혼

결혼, 꼭 해야 하나?

내가 이혼에 관한 책을 쓴다고 하니 소위 '결혼 적령기'에 있는 아는 사람(여자)이 꼭 넣어달라고 한 주제가 있었다. 바로 '결혼, 꼭 해야 하나?'였다. 주변에서, 특히 부모가 이제 결혼 적령기가 되었고 남자친구도 있는데 왜 결혼을 서두르지 않느냐고 압박한다고 한다. 친한 친구들도 이미 결혼을 많이 해서 결혼을 꼭 해야 하나 고민이라고 했다. 정작자신은 결혼이 필요하다고 느껴지지 않아 망설인다고 했다.

나는 '내키지 않으면 군이 결혼할 필요 없다'고 말해주었다. 그리고 결혼하더라도 기존의 틀에 얽매이지 말고 자신과 상대방이 원하는 방식으로 미래를 설계하라고 이야기해주었다.

한편으로 다른 사람들은 어떤 생각을 가지고 있는지 궁금하여 결혼 적령기에 있거나 결혼한 지 얼마 안 된 젊은 변호사들의 이야기를 들어보았다.

그들의 이야기를 종합해보니, 이전과 달리 여성들이 커리어를 쌓는 경우도 많아지고, 남성이든 여성이든 개인의 삶과 행복을 더 중시하는 분위기라는 사실을 알 수 있었다. 그래서 굳이 억지로 결혼해서 자신의 삶을 희생하느니 차라리 결혼을 미루겠다는 사람이 늘어나는 것으로 보인다.

다른 한편으로는, 결혼하고 싶어도 집 문제, 육아 문제, 양가 부모 문제 등 현실적인 문제들이 걸림돌이 되어 결혼을 망설이는 사람도 많다고 했다. 이런저런 걱정이 많아 결혼할 엄두가 나지 않는다는 말이다.

물론 결혼 자체가 하고 싶지 않다는 것은 아니었다. 결혼하고, 가정이라는 공동체를 꾸려서 안정감을 느끼고 행복하게 살고 싶지만, 결혼하면 포기해야 할 것들이 많고 돈 문제 등 현실적인 문제들 때문에 망설이게 된다고 했다. 평생 연애만 하고 살 수는 없기에 '언젠가는 결혼해야겠지' 하는 막연한 생각이 든다고 하는 이도 있었다.

한국보건사회연구원의 '2018년 전국 출산력 및 가족보건·복지 실태조사' 보고서에서도 이러한 동향을 파악할 수 있었다. 결혼할 생각이 있는 미혼남성은 58.8%였고 미혼여성은 45.3%였다. 남녀 모두 결혼할 생각은 하고 있다. 하지만 결혼의 필요성에 대해서는 미혼여성의 28.8%만이 긍정적으로 답했다.

나는 주변의 미혼들에게 전통적인 결혼의 모습에 얽매일 필요가 없다고 이야기해주었다. 전통적인 결혼에는 고정된 틀이 있다. 예를 들어, 남자는 집을 마련해야 하고 여자는 혼수를 준비해야 하며, 여자는 결혼한 시점부터 남자 집의 사람이 되고 등등. 하지만 그러한 전통에 얽매일 필요 없이 본인들의 결정에 따라 다른 시도를 해볼 수 있다는 것이 내 생각이다.

기존의 결혼보다 느슨한, 자신들만의 공동체를 이뤄보는 것이다. 예를 들어, 주말에는 독립적으로 자유롭게 밖에 나가 놀아도 된다든지, 명절 중 한 번은 양가 부모를 만나지 않고 여행을 간다든지. 집안일은 어떻게 분담하고, 생활비 및 수입과 지출은 어떻게 분담한다든지 등을 결혼하기 전에 미리 이야기하고 합의해두는 것이다. 또한 혼인신고를 보류하거나 결혼하더라도 각방을 써보는 방법, 결혼 전에 동거를 해보는 등의 여러 가지 다양한 방법이 있을 수 있다. 이미 그런 시도를 하고 있는 젊은 부부도 많다.

결혼이라는 사슬 때문에 서로를 속박하면서 힘들어하지 말고, 느슨한 자신들만의 공동체를 만들어 서로 발전할 수 있도록 돕는 일을 우선시하면 좋겠다. 그러기 위해서는 주변 사람들, 특히 양가 부모의 기대에 부응하는 것을 과감히 포기할 수 있는 용기도 필요하다.

남자라는 동물을 다루는 방법

성욕 그래프를 보면, 남자는 욕망의 노예라는 것을 알 수 있다. 어찌할 수 없는 욕망에 몸부림치며 때로는 도덕적으로 괴로워한다는 것, 그리고 그 욕망의 수준은 여자들의 상상으로는 가늠하기 어려울 정도로 거대하다는 점을 여자들은 알아둘 필요가 있다.

남자들은 이러한 욕망 때문에 명예와 권력을 획득하여 여자에게 보여주고 환심을 사려고 한다. 교수, 고위 공무원, 판사, 검사, 심지어 종교지도자들도 종종 성추행에 연루되는 걸 보면 그 저변에 남자들의 참을 수 없는 욕망이 도사

당신의 이혼을 응원합니다

리고 있음을 인정하지 않을 수 없다. 그들을 변호하는 말이 아니다. 그냥 그렇다는 것이다.

때로는 명예와 권력을 이용해 여자의 환심을 사는 방법을 통하지 않고 곧바로 여자를 덮치려는 남자들이 있다. 이들은 내세울 게 별로 없기도 하지만, 그게 가장 빠른 방법이라고 생각하기에 조급함을 드러낸다.

남성이 가진 지독한 성적 욕망이 여성 입장에서는 귀찮을 수 있다. 하지만 반대로 생각해보면 이것이 여성의 특권이 되고 무기가 될 때가 있다. 너무 탓하지 말자. 로프의 반동을 이용하여 상대방 선수를 제압하는 프로레슬러처럼 여성들은 남성의 욕망을 이용하여 자신들이 얻고 싶은 것을 얻어내면 된다.

남자는 성적 욕망의 노예이기 때문에 여자를 얻기 위해서는 어떠한 일이라도 할 각오가 되어 있다. 사실 남자들이 권력과 돈을 추구하는 이면에는 그것을 통해서 여자를 얻고자 하는 욕망이 숨어 있다. 권력과 돈이 있어야 여자들이 인정해주기 때문이다. 이거야말로 너무나 적나라하고 솔직한 남자의 속마음이다.

아무튼 여자들이 남자에게서 원하는 것을 얻고자 할 때는 다음과 같은 방법을 쓰면 된다. 자신에게 최선을 다하는 모습을 보여주면 남자가 성적으로 원하는 것을 얻을지도 모른다는 은근한 암시를 주는 것이다. 때로는 이런 은근한 암시를 준 후 남자가 그 암시를 확인하려는 순간 가차 없이 차버리는 못된 여자들도 있다. 암시를 실현시켜주지는 못하더라도 매몰차게 버리지는 말라. 최소한의 인간적인 예우는 해주어야 하지 않는가?

거대한 성적 욕망을 가지고 있다는 사실만으로 남자들을 비난해서는 안 된다. 그들은 그냥 그렇게 태어났다. 자연계에 존재하는 거대한 본능을 비난하거나 존재 자체를 부정하는 건 무의미하다. 현실을 부정하거나 비난하지 말고 현명하게 이용하라.

여자의 섹스와
남자의 쇼핑

　오래전부터 '여자들은 섹스할 때 좋아하면서도(안 그런 여자도 있긴 있다) 왜 그걸 자주하려고 하지 않을까?' 하는 의문이 들었다. 남자들은 그걸 매우 좋아하기 때문에 매일 하고 싶어 하는데, 여자들은 왜 매일 하려 하지 않는지 그 심리가 궁금했다. 그러다가 문득 '여자에게 섹스란 남자에게 백화점 쇼핑과 같은 건 아닐까?' 하는 생각이 들었다.

　대부분의 남자들은 백화점 쇼핑을 즐기지 않는다. 가끔은 제대로 된 쇼핑을 하면서 "그래 맞아. 가끔은 이렇게 말쑥한 옷을 사서 입어줘야 해. 나도 앞으론 쇼핑도 자주 하고 멋지게 살아야지!" 할 때도 있다.

그런데 이런 생각은 금세 희미해진다. 하루하루 바쁘게 살다 보면 매일 같은 양복에 같은 구두를 신고 회사에 간다. 백화점에 가는 일 자체가 귀찮고, 돈 낭비에 시간 낭비라고 여긴다. 부인이 사다 주고 챙겨주는 것만 입는 남자도 많다. 물론 모든 남자들이 다 그렇다는 이야기는 아니다. 일반적으로 다수의 남자들이 그렇다는 말이다.

여자에게 섹스란 남자의 백화점 쇼핑처럼 좋기는 하지만 맨날 생각나거나 하고 싶지는 않은 거, 하지만 막상 좋은 기회가 생기면 무척 행복하고, 지나가면 그뿐인 것.

물론 섹스에 별 흥미가 없는 남자도 있고, 섹스를 좋아한다고 노골적으로 밝히는 여자도 있다. 문제는 연애 관계나 부부 관계에서 이게 잘 맞아야 한다는 사실이다. 한쪽은 너무 좋아하고, 한쪽은 별로 안 좋아하면 둘 다 불만이 쌓인다. 어쩌면 성격 차이보다 성적 차이로 헤어지는 경우가 훨씬 더 많지 않을까 하는 생각도 든다.

그런데 모든 게 다 안 맞아도 이게 잘 맞아서 사는 부부가 생각보다 많다. 부부만 아는 비밀이겠지만⋯⋯.

누구를 위한 배려인가?

두루미와 여우는 친구다. 서로를 배려한답시고 두루미는 호리병에 음식을 담아 여우에게 주고, 여우는 접시에 음식을 담아 두루미에게 준다. 상대방을 배려한다고 한 일이지만 서로 힘들기만 하다.

여기저기서 배려, 배려, 배려를 해야 한다고 말한다. 서비스 직종이든 각종 모임에서든 배려한답시고 이런저런 행동을 한다. 그런데 내가 예민해서인지 이런 억지 배려들이 오히려 불편할 때가 많다.

배려하는 사람의 자기만족을 위한 이기적 행동이라는 생각이 많이 든다. '나는 너에게 이렇게 배려할 정도로 멋진 사람이야, 그렇지 않아?' 이런 걸 확인하는 행동은 배려가 아니라 자기가 잘났다는 것을 인정해달라고 상대에게 강요하는 행동이다. 제발 배려받는 사람의 심기를 살피며 배려하라. 예를 들어보자.

진수성찬

진수성찬을 차려놓았으니 많이 먹으라는 말씀. 엄청 부담스럽다. 배불러 죽겠는데 뭘 자꾸 먹으라고 해. 성의를 봐서 먹어달라고? 나는 배부른데, 성의를 봐서 먹어주면 너는 기분이 좋아지나? 결국 내가 너를 위해 호의를 베푼 거네. 불편해도 너의 성의를 봐서 먹어주는 그런 배려가 난 싫다. 음식을 지나치게 권하는 배려 아닌 배려는 나의 배려를 억지로 끌어내는 강권행위가 된다. 진정한 배려라면 먹을 사람의 상태나 스타일도 고려해야 하는 것 아닐까?

추운데 밖에서 내가 얼마나 기다린 줄 알아?

업무가 끝날 때까지 추운 바깥에서 덜덜 떨면서 30분간 기다려주는 행위. 아! 정말 부담스럽다. 추운데 왜 그렇게 기다려서 일하는 사람을 부담스럽게 하니? 내가 너한테 기다려달라고 했니? 그건 그냥 네가 뭔가 힘든 일을 했다고 하면서 생색내려고 한 행동 아니니? 나중에 써먹으려고 그러지? '난 추운데서 너 기다리느라 30분간이나 떨기도 했는데 네가 나한테 이럴 수가 있어?' 이렇게 써먹으려고. 미안하지만 난 너한테 애초에 그런 걸 바라지 않았다.

술은 왜 꼭 따라줘야 마시는 거지?

다른 얘기지만, 난 회식할 때 술은 꼭 앞이나 옆에 앉는 사람이 따라줘야 한다는 풍습(문화, 습관)은 좀 없어졌으면 좋겠다. 자작이라도 할라치면 무슨 큰일이라도 일어난 양 호들갑을 떨면서 손으로 거드는 행동은 정말 부담스럽다. 혼자 따라 마시는 게 뭐가 어때서? 남이 따라줄 때는 또 예의를 갖춰 받아줘야 하니 이 또한 번거롭다. 그리고 남이 따라준 잔을 그대로 놓고 있으면 제사지내느니 뭐니 하는 말도 정말 싫다. 한 번에 바로 마시든 천천히 마시든 즐겁고 편하게 마시게 해줬으면 좋겠다.

결국 내가 하고 싶은 말은, 배려는 배려받는 사람의 심리나 육체적인 상태를 감안하여 그 배려를 '받아들일' 준비가

되어 있는지까지 감안해야 진정한 배려라는 것이다. 그게
아니라 자신이 배려할 줄 아는 매우 친절한 사람이라는 것
을 확인하기 위한 배려는 자기만족을 위한 이기적인 행위
이고 만행이 아닐까?

이런 일들이 쌓이고 쌓이면 결국 균열과 갈등이 생기고
싸움으로 커져간다. 부부 사이, 애인 사이의 자기만족적인
일방적 배려는 상대를 지치게 만든다.

겉으로 봐서는
사람 잘 모른다

수중생물 중에 갑각류가 있다. 게, 가재 등을 말한다. 이런 생물은 표면이 단단하다. 매우 딱딱하기 때문에 그들끼리 싸움이 나면 갑옷 입은 중세 기사의 결투처럼 볼만하다. 그런데 이런 갑각류는 단단한 갑옷 안에 아주 흐물흐물하고 연약한 속살을 감추고 있다. 딱딱한 껍질이 보호해주기 때문에 속살이 강해질 필요가 없었던 것이다. 그래서 이런 갑각류는 자신의 단단한 껍질이 파괴되고 나면 속살을 보호할 방법이 전혀 없게 된다.

사람들은 나한테 "겉보기에 검사처럼 생겼다.", "툴툴거

리는 말투에 표정도 심각하고, 마주 보고 있으면 상대방을 얼게 만든다."는 소리를 종종 한다. 그런데 몇 차례 만나면 의외로 속마음이 따뜻하고 빈틈을 보이기도 해서 제 실속도 못 차릴 것 같다는 걱정도 듣는다. 나 역시 일종의 갑각류인 셈이다.

곰곰이 생각해보니 난 원래 속도 여리고 겉도 여렸는데, 살다 보니 많이 당하고 상처받아서 나를 보호하려는 본능이 작동하여 겉에 껍질이 생긴 것 같다.

○○ 같은 세상과 □□ 같은 인간들을 종종 만나다 보니 나의 껍질은 갈수록 두껍고 단단해져 간다. 하지만 속살은 여전히 보들보들하다. 껍질로 단단히 보호되고 있으니 속살마저 딱딱해질 필요가 없기 때문이다.

속살이 두껍고 단단한 사람들은 나처럼 두꺼운 껍질을 가지고 있을 필요가 없다. 껍질을 뚫고 들어오더라도 두꺼운 피하지방층과 근육질이 자신을 보호해줄 테니까. 외부방어 능력으로 따지자면 내가 그들보다 더 탁월하다고 할 수 있다. 나의 방어막은 좀처럼 뚫리지 않는다. 하지만 일단 뚫리면 난 무너지며 모든 것을 내어준다. 불쌍한 영덕 게처럼 내 속살을 다 바치고 만다.

50년 이상 살다 보니 주변에서 비슷한 사람을 많이 보게 된다. 학창시절에는 한없이 부드럽고 착했던 친구가 거칠어지고 강해지는 경우가 있고, 학창시절 거칠고 험했던 친구가 나이 들면서 온화하게 바뀐 경우도 있다. 외모나 스펙이 화려해서 겉으로 봐서는 다가가기 어려운데 막상 친해지면 내면은 여린 사람이 있고, 겉은 수더분하고 부드러운데 내면은 강철처럼 단단한 사람도 있다.

그 이유가 혹시 겉으로 보이는 것과 반대의 성질이 안에서 자라나는 것은 아닐까 생각했다. 심성이 착한 사람이 선의로 사람을 대하다가 자신의 선의가 악의로 돌아오는 경우를 겪으면서 내면이 점점 강해지는 것이다. 한편, 외모가 딱 봐도 강하거나 카리스마 있는 사람들은 강하게만 살다 보니 오히려 따뜻한 자세로 살고 싶은 마음이 들고, 뭐 그런 게 아닐까?

한편으로는 화려한 생활을 하고 남부러울 것 없이 살아

온 사람들이 자신을 보호하고 있던 요소들이 사라지는 순
간 하염없이 무너지는 것을 종종 본다. 어쨌든 겉으로만 봐
서는 사람을 제대로 알 수 없다.

무의식적 갑질행위

우리 주변에서 흔히 경험하게 되는 갑을문화, 갑질문화는 하루이틀에 이루어진 게 아니다. '관계'가 생기는 순간 갑질은 존재한다고 보는 게 속 편하다. 연인 사이, 부부 사이에서도 갑질행위가 존재한다.

그런데 인간관계에서 갑질은 꼭 의식적으로 하는 것만은 아니다. 내가 만든 말인데, '무의식적 갑질'도 있다. 무의식적 갑질로도 관계에 균열이 생기는 것은 아닌지 생각해볼 필요가 있다.

내가 상위에 있다는 사실을 구체적으로 인식하고 그 권력을 이용하여 하급자에게 이래라 저래라 하는 것이 '의식적 갑질'이라면, 자신도 모르는 사이에 갑의 지위에 익숙해져서 갑질을 하는 게 '무의식적 갑질'이다. 예를 들자면 다음과 같은 것들이다.

막내기질

막내기질은 어려서부터 부모나 형제들이 막내랍시고 이런저런 혜택을 주니, 코맹맹이 소리로 응석을 부리면 대부분의 문제가 해결되던 상황에 익숙해진 사람들에게 나타나는 행태다.

작정하고 그런 기질을 보이는 것이 아니라 어려서부터 비슷한 일이 반복되다 보니 습성이 되어버린 것이다. 성인이 되어서도 별다른 의식 없이 이런 행동은 계속된다. 나도 집에서는 막내인데, 막내 티가 나고 불평불만 많은 투덜이 짓을 한다는 말을 종종 들었다.

남녀공학 여대생 기질(여학생이 소수인 곳)

최근에 흥미로운 이야기를 들었다. 여대를 졸업한 분이었는데, 회사 다니다 보니 이상한 현상을 발견했다는 것이다. 여대를 나온 직원은 좀 험한 일도 자기가 해야 할 일이라고 생각하고 척척 하는 편인데, 명문 남녀공학 그중에서도 여학생 수가 매우 적은 학과를 나온 여직원들은 힘든 일을 피하고 앵앵거리면서 남자직원들에게 떠넘긴다고 했다. 이 사례에 동조하지 않을 수도 있다. 하지만 나는 충분히 이해했다.

왜 이렇게 다른지 생각해봤다. 여대 출신들은 학교에서 스터디를 하거나 조별 과제 등을 할 때 여자들끼리 역할을 나누기 때문에 무거운 짐을 들거나 복사를 하는 등 각종 허드렛일도 직접 할 수밖에 없다. 그래서 회사에서도 잡일이나 무거운 물건을 드는 일을 거부감 없이 해낸다. 하지만 남학생이 많은 학과 출신들은 힘을 써야 하는 일이나 잡일을 할 때 직접 해본 적도 없고 해야 할 필요도 느끼지 않은 채 남자에게 부탁하면 되었다. 학교 다닐 때부터 그렇게 지냈으니 회사에서도 당연하게 생각하고 행동하는 것이다. 여전히 동조하지 못하는 사람이 있겠지만 분명 그런 면이 있는 건 사실 아닌가?

선천적으로 잘난 사람들은 노력을 잘 안 한다

약 10년 전에 살사(salsa)계에 몸담은 적이 있다. 그렇다. 춤, 살사 댄스를 말하는 거다. 거기 있다 보면 누구나 다 느끼게 되는 사실이 있는데, 외모가 뛰어난 사람들은 남자건 여자건 춤 실력이 잘 안 는다. 외모 좋고 화술 좋기 때문에 굳이 복잡한 살사 댄스를 열심히 할 이유를 찾지 못한다. 이런 부류는 적당히 미소 한 번 날려주면 모든 게 해결된다고 믿고 있는지도 모른다.

특히 예쁘고 몸매 좋은 여자는 열심히 배우지도 않고 실력도 늘 제자리다. 남자들은 그녀의 춤 실력은 보지도 않고, 얼굴과 몸매만 보고 다가간다. 실력이 안 좋을수록 남자들이 더 접근한다. 춤을 가르쳐주겠다는 명분이 생기고 이것저것 가르쳐주면서 멋진 선배 역할을 할 수 있으니까. 아무튼 외적 조건이 좋은 사람은 자기계발을 열심히 안 하는 경향이 있다. 대체로 그렇다는 얘기다.

킹카와 퀸카는 애인에게 갑질을 하게 된다

연애에서 항상 우위를 점하게 되는 킹카, 퀸카는 연애 상대에게 별로 양보를 안 한다. 아니 그렇게 길들여져 있다.

예쁜 여자 주변에 맴도는 남자들은 항상 그녀의 심기를 살피고 그녀가 먹고 싶은 것이 반경 20킬로 밖에 떨어져 있더라도 그녀를 위해 기꺼이 차를 몰고 달려간다. 퀸카는 처음에는 고마워하다가도 이런 상황이 반복되면 당연하게 여기고 나중에는 별로 고마워하지도 않는다.

퀸카들은 약속도 자기 마음대로 쉽게 깨고 다시 정한다. 남자는 항상 '오케이' 하면서 갑작스런 약속 변경도 들어준다. 남자는 매일 여자를 위해 모든 시간을 비워둔 것처럼 행동하니 미안해하지도 않는다. 처음에 좋아서 쫓아다닐 때 남자는 이 모든 걸 참는다. 하지만 연애가 길어지면서 조금씩 불만을 토로하면 여자는 '이 남자가 갑자기 왜 이래? 왜 이렇게 변한 거야? 사랑이 식었나?' 하고 생각하게 된다. 킹카도 마찬가지다. 많은 여자를 울린다.

무의식적 갑질은 상황이 반복되어 기질로 굳어졌기에 본인은 의식하지 못한 채 하는 행동이다. 연애할 때 무의식적 갑질을 하던 사람이 결혼하면 상대는 예전에는 참고 넘어가던 갑질을 문제 삼게 된다. 그러면 무의식적 갑질을 하던 사람은 '이 남자(여자)가 도대체 왜 이래?' 하고 생각하면서 부부싸움을 계속하게 된다. 평행선을 달리면서 서로를 이해 못한다. 내 안에 숨은 갑질은 없는지 뒤돌아볼 일이다.

내 안의 숨은 갑질은 나의 성장을 방해한다. 내가 갑질을 할 수 있는 상황을 배제하고도 진정으로 경쟁력이 있는 사람인지 생각해보고 평소에 자기 성찰과 자기계발을 게을리 하지 말아야 한다.

결혼은 새장과 같다.
밖에 있는 새들은 부질없이 들어가려고 한다.
안의 새들은 부질없이 나가려고 한다.

– 몽테뉴

4

자녀 걱정
붙들어 매자

이혼 후,
자녀를 위한 주의사항

이혼을 하더라도 아이들 양육은 전 남편·전 부인의 '공동사업'이다. 아이들 양육은 양육비를 제대로 지급하도록 확실하게 약정하고, 누가 아이를 더 잘 키울 수 있는지 서로 합의하여 결정해야 한다. 또한 면접교섭권을 원활하게 행사할 수 있도록 서로 배려하고, 이혼여부와 관계없이 '공동양육한다'는 생각을 가지는 것이 중요하다.

아이가 어리면 가까운 거리에서 사는 것도 괜찮다. 수시로 왕래할 수 있는 정도의 상태에서 이혼하는 것이 부모나 아이들에게 좋다. 자녀를 위해서도 원수가 될 때까지 시간

을 허비하지 말자. 그렇게 되기 전에 이혼하자!

이혼하면서, 이혼으로 인해 자녀가 이혼 전과 크게 다른 삶을 살게 해서는 안 된다. 당연한 얘기지만, 이혼을 결심하려면 적어도 부모 둘 중 한 명에게는 자녀를 양육할 수 있는 경제적 능력과 충분히 사랑받고 자랄 수 있는 조건이 구비되어야 한다. 자녀는 부모가 이혼하더라도 행복할 권리가 있기 때문이다.

경제적 능력이 부족한 쪽에서 자녀를 양육한다면 자녀가 부모의 이혼 때문에 경제적 어려움을 겪게 되는 피해를 입게 되고, 이는 곧 자녀와 양육자 간의 갈등과 불화로 이어질 가능성이 크다.

따라서 부모는 이혼할 때 양육과 관련하여 이혼 후에도 자녀에게 이혼 전과 크게 다르지 않은 경제적 지원을 해줄 수 있는지 여부를 확인하는 것이 중요하다.

한 지인은 친구의 사례를 이야기하면서 딸아이는 경제력 있는 부모 밑에서 자라야 한다고 했다. 그 이유는 어린 시절

이혼한 엄마와 곤궁하게 자란 경우 남자에 대한 불신이 너무 깊어 성인이 되어서도 남자를 못 믿고, 연애하면서도 남자의 사랑을 끝없이 의심하고, 남자가 떠날까봐 전전긍긍하게 되었다고 했다. 아버지에 대한 불신이 모든 남자에 대한 불신으로 바뀌어 있었다고 했다. 상대를 증오할 때까지 버티다가 이혼 후에도 결별한 배우자를 한없이 미워하는 부모와 사는데 그 자녀가 이성(異性)에 대한 불신이 없다면 오히려 더 이상한 일이 아닌가 하는 생각이 든다.

반면 그 지인은 자신은 계모로 인한 스트레스는 있었어도 돈 많은 아버지 밑에서 사랑을 듬뿍 받고 자라서 남사의 사랑에 대해서 의심을 별로 안 하고 살았다고 한다. 그러다 보니 남자들과의 관계도 원만했다고 한다. 어린 시절 부모를 통해 남녀의 성(性)관념을 키우며, 이를 통해 형성된 가치관은 자녀의 평생을 좌우하는 중요한 문제라는 의견도 제시했다.

사람들은 한부모 가정에서 자란 아이들이 불량하게 자랄 확률이 높다는 편견을 가지고 있다. 그런데 실은 한부모 가정이어서가 아니라 경제적 빈곤이 아이들을 탈선하게 만든다는 연구 결과가 있다. 경제적 궁핍은 자녀에게 불행을 일찍 경험하게 한다.

누가 키울 것인가?

아이를 누가 키울 것인지 정해지지 않았다면 이혼할 수 없다. 우선, 친권(親權)과 양육권은 다른 것임을 밝혀둔다. 친권이란 부모가 미성년인 자식에 대하여 보호·감독을 내용으로 하는 신분상·재산상의 권리와 의무를 통틀어 이르는 말이다. 양육권은 미성년 자녀를 실제로 키우는 것을 의미한다. 그래서 자녀에게는 양육권이 누구에게 있는지가 더 중요하다.

친권자 지정과 관련하여 우리 민법은 다음과 같이 규정하고 있다.

민법 제909조 제4항

부모가 이혼한 경우에는 부모의 협의로 친권자를 정하여야 하고, 협의할 수 없거나 협의가 이루어지지 아니하는 경우에 가정법원은 직권으로 또는 당사자의 청구에 따라 친권자를 지정하여야 한다. 다만 부모의 협의가 자(자녀)의 복리에 반하는 경우에는 가정법원은 보정을 명하거나 직권으로 친권자를 정한다.

민법 제909조 제5항

가정법원은 혼인의 취소, 재판상 이혼 또는 인지청구의 소의 경우에는 직권으로 친권자를 정한다.

민법 제912조 제2항

가정법원이 친권자를 지정함에 있어서는 자의 복리를 우선적으로 고려하여야 한다. 이를 위하여 가정법원은 관련분야의 전문가나 사회복지기관으로부터 자문을 받을 수 있다.

민법 제931조 제2항

단독친권자가 유언으로 지정한 미성년자의 후견인이 선임된 경우라도 가정법원이 미성년자의 복리를 위하여 필요하다고 인정하면

생존하는 부 또는 모, 미성년자의 청구에 의하여 후견을 종료하고
생존하는 부 또는 모를 친권자로 지정할 수 있다.

친권의 내용은 무엇인가?

보통 아이가 전학을 가거나 통장이나 여권을 발급받을
때와 같은 경우, 친권을 행사하게 된다. 구체적으로 우리 민
법에서는 다음과 같은 내용들을 규정하고 있다.

자의 신분에 관한 권리 의무로서 ① 자의 보호, 교양에 관한 권리의
무(제913조), ② 거소지정권(제914조), ③ 징계권(제915조)이 있다.

한편 자의 재산에 관한 친권으로서 ① 재산관리권(제916조) ② 대리
권(제920조)이 있다. 다만 이해상반행위의 경우에는 법원에 자의 특
별대리인의 선임을 청구하여야 한다.

민법 제921조

① 법정대리인인 친권자와 그 자 사이에 이해상반되는 행위를 함
에는 친권자는 법원에 그 자의 특별대리인의 선임을 청구하여야
한다.

② 법정대리인인 친권자가 그 친권에 따르는 수인의 자 사이에 이해

상반되는 행위를 함에는 법원에 그 자 일방의 특별대리인의 선임을 청구하여야 한다.

친권자 변경할 수 있을까?

예를 들어, 이혼할 때 아내에게는 경제적 여유가 없어 남편이 친권자 및 양육권자가 되었는데, 남편이 자녀를 학대하는 경우가 있을 수 있다. 아내 입장에서 더 이상 두고 볼수가 없어 남편으로 되어 있는 친권자와 양육권자를 변경하고 싶을 때 친권자 변경 및 양육권자 변경이 가능한지 궁금해진다.

민법은 이에 대해 다음과 같이 규정하여 변경이 가능하도록 하고 있다.

민법 제837조(이혼과 자녀의 양육책임)

⑤ 가정법원은 자의 복리를 위하여 필요하다고 인정하는 경우에는 부, 모, 자 및 검사의 청구 또는 직권으로 자의 양육에 관한 사항을 변경하거나 다른 적당한 처분을 할 수 있다.

민법 제909조(친권자)

⑥ 가정법원은 자의 복리를 위하여 필요하다고 인정되는 경우에는 자의 4촌 이내의 친족의 청구에 의하여 정하여진 친권자를 다른 일방으로 변경할 수 있다.

친권을 상실시킬 수도 있을까?

친권자가 친권을 남용하거나 불행사하는 경우에 자녀의 생활에 문제가 발생할 수 있다. 이를 방지하기 위해 민법은 친권을 상실시키거나 일시 정지, 일부 제한하는 규정을 두고 있다.

제924조(친권의 상실 또는 일시 정지의 선고)

① 가정법원은 부 또는 모가 친권을 남용하여 자녀의 복리를 현저히 해치거나 해칠 우려가 있는 경우에는 자녀, 자녀의 친족, 검사 또는 지방자치단체의 장의 청구에 의하여 그 친권의 상실 또는 일시 정지를 선고할 수 있다.

② 가정법원은 친권의 일시 정지를 선고할 때에는 자녀의 상태, 양육상황, 그 밖의 사정을 고려하여 그 기간을 정하여야 한다. 이 경우 그 기간은 2년을 넘을 수 없다.

③ 가정법원은 자녀의 복리를 위하여 친권의 일시 정지 기간의 연장이 필요하다고 인정하는 경우에는 자녀, 자녀의 친족, 검사, 지방자치단체의 장, 미성년후견인 또는 미성년후견감독인의 청구에 의하여 2년의 범위에서 그 기간을 한 차례만 연장할 수 있다.

제924조의2(친권의 일부 제한의 선고)

가정법원은 거소의 지정이나 징계, 그 밖의 신상에 관한 결정 등 특정한 사항에 관하여 친권자가 친권을 행사하는 것이 곤란하거나 부적당한 사유가 있어 자녀의 복리를 해치거나 해칠 우려가 있는 경우에는 자녀, 자녀의 친족, 검사 또는 지방자치단체의 장의 청구에 의하여 구체적인 범위를 정하여 친권의 일부 제한을 선고할 수 있다.

제927조의2(친권의 상실, 일시 정지 또는 일부 제한과 친권자의 지정 등)

① 제909조 제4항부터 제6항까지의 규정에 따라 단독 친권자가 된 부 또는 모, 양부모(친양자의 양부모를 제외한다) 쌍방에게 다음 각 호의 어느 하나에 해당하는 사유가 있는 경우에는 제909조의2 제1항 및 제3항부터 제5항까지의 규정을 준용한다. 다만, 제1호의3·제2호 및 제3호의 경우 새로 정하여진 친권자 또는 미성년후견인의 임무는 제한된 친권의 범위에 속하는 행위에 한정된다.

1. 제924조에 따른 친권상실의 선고가 있는 경우

1의2. 제924조에 따른 친권 일시 정지의 선고가 있는 경우

1의3. 제924조의2에 따른 친권 일부 제한의 선고가 있는 경우

2. 제925조에 따른 대리권과 재산관리권 상실의 선고가 있는 경우

3. 제927조제1항에 따라 대리권과 재산관리권을 사퇴한 경우

4. 소재불명 등 친권을 행사할 수 없는 중대한 사유가 있는 경우

② 가정법원은 제1항에 따라 친권자가 지정되거나 미성년후견인이 선임된 후 단독 친권자였던 부 또는 모, 양부모 일방 또는 쌍방에게 다음 각 호의 어느 하나에 해당하는 사유가 있는 경우에는 그 부모 일방 또는 쌍방, 미성년자, 미성년자의 친족의 청구에 의하여 친권자를 새로 지정할 수 있다.

1. 제926조에 따라 실권의 회복이 선고된 경우

2. 제927조제2항에 따라 사퇴한 권리를 회복한 경우

3. 소재불명이던 부 또는 모가 발견되는 등 친권을 행사할 수 있게 된 경우

자녀 때문에
이혼을 못한다고?

자녀가 없는 상태에서의 이혼은 남자친구(여자친구)와 헤어지는 것과 크게 다르지 않다. 그러나 자녀가 있을 때에는 자녀가 없을 때보다 당연히 더 많은 고민을 하게 된다. 하지만 '아이 때문에 못 헤어진다'는 말은 결국 자신의 결단력 부족을 아이들에게 떠넘기는 용기 없는 핑계라고 생각한다. 아이도 중요하지만 당신이 더 중요하다. 당신이 행복해야 자녀도 행복할 수 있다.

정신과 전문의 박한선 씨가 〈동아사이언스〉와 인터뷰한 내용을 보면, 부모의 이혼 이후 초기에 자녀들은 종종 불안이나 분노 반응을 보인다. 충격을 받고, 부모에 대한 불신감을 드러내는 경우도 있다. 하지만 대개 1년 안에 이러한 부정적 감정 반응은 해소된다고 한다. 정서나 행동 면에서 부적응이 지속되는 경우는 흔하지 않으며, 어떤 경우 오히려 더 편안해 하는 아이들도 있다. 특히 부부간의 불화가 아주 심했던 경우에는 이혼 이후의 평화가 긍정적으로 작용하기도 한다.

같은 인터뷰 기사에 따르면, 이혼 가정의 자녀가 일반 자녀보다 대인관계에 어려움을 더 많이 보인다는 연구결과가 있는 것은 사실이다. 하지만 전문가들은 그 차이가 '별로' 크지 않다고 지적한다. 이혼 가정의 자녀가 보이는 정서적 어려움은 일반 가정의 자녀에 비해서 '약간' 높을 뿐이며, 이혼 가정의 자녀들 대부분은 아주 건강하게 자라준다는 것이다. 오히려 꼭 이혼해야 할 가정인데도 불구하고 매일 싸우고 사는 집의 자녀가 이혼한 집의 자녀보다 더 건강하지 않게 자랄 확률이 높다.

USC 사회학 명예교수이며《좋은 이혼》의 저자인 콘스턴스 아론스는 "기다려야 하는지 고민하는 부모들은 '지금의 결혼생활이 아이들에게 어떤 영향을 주고 있는가?'라고 자문해야 한다."고 말한다.

"우리는 이혼이 아이들에게 얼마나 영향을 미칠지만 생각하는 경향이 있으나, 이혼하지 않을 경우 아이들이 부모와 함께 살아야 한다는 사실을 기억해야 한다."

당신이 아이 때문에 헤어지지 못하고 계속 싸우기만 한다면 나중에는 아이들이 먼저 '제발 그러지 말고 빨리 헤어져! 이혼해!'라는 말을 할지 모른다. 집안에서나 차를 타고 가다가 부부가 계속 싸우면 아이들이 눈치를 보고 풀이 죽어서 쳐다본다. 그게 지속되면 아이들도 '빨리 이 상황을 벗어나고 싶다'는 생각을 하게 마련이다.

초등학생 정도만 되어도 부모가 계속 싸우면 지겨워하고 힘들어한다. 그리고 요즘 중고등학생들은 먼저 '그냥 이혼하세요'라는 말도 주저하지 않는다.

우리 주변에는 이혼한 부부가 생각보다 훨씬 많다. 그리고 요즘 아이들은 부모의 이혼에 대해서 과거만큼 고통스러워하지 않는다. 아이들이 고통스러워할까봐 결단을 미룬다는 건 핑계일 뿐이다. 아이들의 인생도 중요하지만 자신의 인생도 중요하다는 것을 꼭 기억하라! 앞서 말했듯이 사이가 조금이라도 더 좋을 때 헤어지는 게 당사자들은 물론 아이들한테 좋다.

설혹 원수 같은 사이가 되었더라도 민법 제837조의2에서 규정하는 면접교섭권을 통해 아이의 변화를 최소화할 수 있다. 그러니 더 이상 애들 핑계로 미루지 말자.

민법 제837조의2 (면접교섭권)

① 자를 직접 양육하지 아니하는 부모의 일방과 자는 상호면접교섭할 수 있는 권리를 가진다.

② 자를 직접 양육하지 아니하는 부모 일방의 직계존속은 그 부모 일방이 사망하였거나 질병, 외국거주, 그 밖에 불가피한 사정으로 자를 면접교섭할 수 없는 경우 가정법원에 자와의 면접교섭을 청구할 수 있다. 이 경우 가정법원은 자의 의사, 면접교섭을 청구한 사람과 자의 관계, 청구의 동기, 그 밖의 사정을 참작하여야 한다.

③ 가정법원은 자의 복리를 위하여 필요한 때에는 당사자의 청구 또는 직권에 의하여 면접교섭을 제한, 배제, 변경할 수 있다.

관련 사례

❶ 대리모에게도 면접교섭권 인정된 사례(2009브16)

비양육권자의 자녀에 대한 면접교섭권은 천부적인 권리이기 때문에 이를 전면적으로 배제하는 당사자 간의 합의는 민법 제103조의 선량한 풍속 기타 사회질서에 위반한 사항을 내용으로 하는 법률행위로서 효력이 없다. 그리고 법원은 민법이 여자가 아이를 출산하면 바로 모자관계를 인정하고 있다는 이유로 대리모의 어머니 신분을 법적으로 인정하였고, 면접교섭권을 인정하였다.

❷ 생모와 자녀가 오래 떨어져 있었던 경우 면접교섭권 인정된 사례

"사건본인이 애착장애와 정서장애 등으로 치료를 받고 있고 앞으로도 지속적인 치료가 필요하지만 2~3개월 정도 준비과정을 거치면 생모와 만나는 데 별 무리가 없는 점 등이 인정된다."

❸ 아버지가 술병으로 유리창 깨고 어머니 폭행하는 등 행위로 아이들이 아버지를 만나고 싶어 하지 않는 경우, 면접교섭권 인정되지 않은 사례

"현재의 양육 상태에 변경을 가하여 비양육자를 친권자

및 양육자로 지정하는 것이 정당화되기 위하여는 그러한 변경이 '현재의 양육 상태를 유지하는 경우'보다 미성년 자녀의 건전한 성장과 복지에 더 도움이 된다는 점이 명백해야 한다." "……현재로서는 청구인의 사건 본인에 대한 면접교섭을 제한하는 것이 사건 본인의 복리를 위하여 상당하다고 보인다."

이혼이 자녀에게
미치는 영향

다음 사례를 비교해보자. A 사례의 경우, 부모가 이혼한 후 자녀는 더 이상 부모 문제로 스트레스를 받지 않는다. 열심히 공부를 하든, 미술이나 음악을 하든 자녀 스스로 노력하는 일만 남았다. 부모는 자녀의 학비만 보내주면 된다. B 사례의 경우, 부모는 자녀를 위한답시고 이혼하지 않는다. 그런데 매일 싸운다. 자녀는 공부를 하고 친구들과 어울리고 싶지만 언제 집안에서 부부싸움이 일어날지 알 수 없으니 불안에 떨면서 산다. A와 B의 사례 중 어느 환경이 자녀의 성장에 더 나을까?

뉴스에 종종 청소년 범죄가 보도될 때가 있다. 기자는 한 마디를 꼭 덧붙인다. "고등학생인 A양은 어릴 적 부모가 이혼하고 할머니 손에 맡겨진 것으로 알려졌습니다." 어이가 없다. 대체 부모가 이혼한 것과 청소년의 탈선이 어떠한 인과관계가 있다는 것인가. 그런 사실이 공식적으로 인정된 경우가 있단 말인가?

어차피 기자들은 기사를 작성할 때 가해자나 피의자의 환경을 배경 상황이라고 서술하기 마련이다. 만일 위 A양의 부모가 이혼하지 않았다면 "평소 A양의 부모는 사이가 좋지 않아 부부싸움이 잦았다고 합니다." 또는 "A양의 부모는 평소 일이 바빠 자녀와 시간을 많이 보내지 못했다고 합니다." 등의 배경 설명이 나온다.

범죄자가 뉴스에 나올 때는 그가 자란 가정환경이 알려지지만, 성공한 사람들은 본인이 직접 밝히지 않는 한 별로 공개되지 않는다. 우리나라의 이혼율을 고려한다면 번듯하게 자라 당당한 사회인으로 살아가는 사람들 중에 상당수가 한부모 가정에서 자랐을 확률이 높다. 한부모 가정이기 때문에 문제가 생기는 건 절대 아니다.

다시 말하지만 아이들 때문에 이혼을 못하겠다는 말은 핑계다. 이혼하고 싶지 않거나 이혼 후 혼자 자립할 준비가 되어 있지 않아서 하는 변명일 뿐이다.

양육권을 가지는 것이
꼭 좋을까?

이혼할 때 양육권 때문에 많이 싸운다. 하지만 나는 의뢰인에게 양육권을 가지는 것에 대해 진지하게 생각하라고 조언한다. 여성들은 대부분 모성애 때문에 자녀를 직접 키우겠다고 하지만, 혼자 양육을 떠맡음으로 인해 생길 수 있는 문제에 대해서도 깊이 생각해볼 시간을 가져야 한다.

지인 중에 이혼하면서 양육권 때문에 치열하게 싸우다가 결국 이겨서 양육권을 얻은 남자가 있다. 그는 양육권을 가지면서 재산도 상당 부분 차지하게 되었다.

그런데 아무것도 없이 혼자가 된 전처가 자유롭게 사는 것을 보면 기분이 묘하다고 했다. 재산도 못 받고 양육권을 뺏긴 전처는 돈이 별로 없는데도 여행을 즐기면서 잘 먹고 잘 산다. 그런데 양육권을 가져온 남자는 매일이 힘들기만 하다. 아침마다 아이를 챙기고 유치원에 보내고, 노모를 자주 오시라고 해야 하고, 하루도 편한 날이 없다. 양육이 참 어렵고 힘든 일이라는 걸 새삼 깨달았고 '내가 왜 사서 고생을 하는 거지?' 하는 생각이 들었다고 한다.

물론 아이를 키우는 보람과 행복, 아이들과의 교감도 큰 가치다. 하지만 면접교섭권이 있기 때문에 양육권을 가지지 않더라도 아이들과 좋은 관계를 유지하는 것이 가능하다. 오히려 맨날 잔소리하며 같이 사는 부모보다 가끔씩 만나서 좋은 데 데려가서 맛있는 거 사주고 옷 사주고 용돈 주고 하면 아이들이 더 좋아할 수도 있다.

게다가 양육권을 가진 사람의 경우 새로운 사람을 만나고 다시 결혼하는 데 어려움이 많다. 하지만 양육권에 매이지 않은 사람은 훨씬 더 자유롭게 다른 사람을 만날 수 있다. 그러니 심사숙고하길 바란다. 남 좋은 일만 시킬 수 있으니까. 소설 같은 이야기로 들릴지 모르지만 우리 가까운 곳에서 자주 일어나고 있는 현실이다. 앞으로의 이혼소송에서 승자는 재산과 자식을 차지하는 쪽이 아니라 혼자되는 자유를 얻는 쪽일지도 모른다.

당신이 던져야 하는 질문

경제력이 충분해 본인의 생활에 지장이 없으면서 아이들을 키워줄 보모를 고용할 수 있는 사람은 그렇게 하면 된다. 다만 모성애나 부성애는 인간의 본능일 뿐이므로 현실적으로 세파를 헤쳐나가기 위해서는 다시금 신중하고 냉정하게 판단해야 한다는 게 내 생각이다.

양육권과 관련해서는 다음 두 가지 질문에 자신 있게 대답할 수 있는지 살펴보라.

1. 아이들을 책임질 만한 경제력과 정신적 여유가 있는가?
2. 아이들에게 묶여서 자신의 행복을 포기하지는 않겠는가?

요즘에는 아이들과 가까이 지내면서 자주 왕래하는 경우

도 꽤 많으니 잘 생각하기 바란다.

　자녀가 있는 부부가 이혼하는 경우에는 '부부 중 어느 쪽에서 자녀를 양육하고, 어느 쪽에서 양육비를 분담할 것인지' 하는 문제가 현실적으로 다가오기 시작한다. 양육비에 관해 미리 협의나 심판이 없는 경우 자녀를 양육한 일방이 상대방에게 양육에 소모된 비용을 청구할 수 있는지가 문제된다(현행법 규정: 민법 제837조, 가사소송법 제2조 제1항, 가사소송법 제25조).

　양육자는 자신 명의의 부동산이나 현금 재산을 보유하는 방법을 택해야 한다. 현금화하기 어려운 재산이나 많은 사람들의 이해관계가 얽혀 있어 법률적 문제가 있는 재산은 양육자와 자녀에게 큰 도움이 되지 못한다.

　그러므로 이혼 시 재산분할을 할 경우 자녀의 양육문제를 고려하여 부모 중 양육자에게는 현금 재산이나 기타 담보물권이 설정되어 있지 않아 현금화를 빠른 시일 안에 할 수 있는 재산을 위주로 분할하는 것이 자녀 복리에 최선의 방법이다.

2019 양육비 산정기준표

부모합산 소득 (세전) 자녀 만 나이	199만 원 이하 평균양육비(원) 양육비구간	200~ 299만 원 평균양육비(원) 양육비구간	300~ 399만 원 평균양육비(원) 양육비구간	400~ 499만 원 평균양육비(원) 양육비구간	500~ 599만 원 평균양육비(원) 양육비구간	600~ 699만 원 평균양육비(원) 양육비구간	700~ 799만 원 평균양육비(원) 양육비구간	800~ 899만 원 평균양육비(원) 양육비구간	900만 원 이상 평균양육비(원) 양육비구간
0~2세	532,000 219,000 ~ 592,000	653,000 593,000 ~ 735,000	818,000 736,000 ~ 883,000	948,000 884,000 ~ 1,026,000	1,105,000 1,027,000 ~ 1,199,000	1,294,000 1,120,000 ~ 1,341,000	1,388,000 1,342,000 ~ 1,487,000	1,587,000 1,488,000 ~ 1,670,000	1,753,000 1,671,000 이상
3~5세	546,000 223,000 ~ 639,000	732,000 640,000 ~ 814,000	896,000 815,000 ~ 974,000	1,053,000 875,000 ~ 1,121,000	1,189,000 1,122,000 ~ 1,284,000	1,379,000 1,285,000 ~ 1,477,000	1,576,000 1,478,000 ~ 1,654,000	1,732,000 1,655,000 ~ 1,828,000	1,924,000 1,829,000 이상
6~11세	623,000 244,000 ~ 699,000	776,000 700,000 ~ 864,000	952,000 865,000 ~ 1,044,000	1,136,000 1,045,000 ~ 1,219,000	1,302,000 1,220,000 ~ 1,408,000	1,514,000 1,409,000 ~ 1,559,000	1,605,000 1,560,000 ~ 1,717,000	1,830,000 1,718,000 ~ 1,997,000	2,164,000 1,998,000 이상
12~14세	629,000 246,000 ~ 701,000	774,000 702,000 ~ 884,000	995,000 885,000 ~ 1,107,000	1,220,000 1,108,000 ~ 1,303,000	1,386,000 1,304,000 ~ 1,484,000	1,582,000 1,485,000 ~ 1,650,000	1,718,000 1,651,000 ~ 1,797,000	1,876,000 1,798,000 ~ 2,143,000	2,411,000 2,411,000 이상
15~18세	678,000 260,000 ~ 813,000	948,000 814,000 ~ 1,076,000	1,205,000 1,077,000 ~ 1,290,000	1,376,000 1,291,000 ~ 1,493,000	1,610,000 1,494,000 ~ 1,715,000	1,821,000 1,716,000 ~ 1,895,000	1,970,000 1,896,000 ~ 2,047,000	2,124,000 2,048,000 ~ 2,394,000	2,664,000 2,395,000 이상

양육비 결정 예시

부모합산 소득 (세전) 자녀 만 나이	199만 원 이하 평균양육비(원) 양육비구간	200~ 299만 원 평균양육비(원) 양육비구간	300~ 399만 원 평균양육비(원) 양육비구간	400~ 499만 원 평균양육비(원) 양육비구간	500~ 599만 원 평균양육비(원) 양육비구간	600~ 699만 원 평균양육비(원) 양육비구간	700~ 799만 원 평균양육비(원) 양육비구간	800~ 899만 원 평균양육비(원) 양육비구간	900만 원 이상 평균양육비(원) 양육비구간
0~2세	532,000 219,000 ~ 592,000	653,000 593,000 ~ 735,000	818,000 736,000 ~ 883,000	948,000 884,000 ~ 1,026,000	1,105,000 1,027,000 ~ 1,199,000	1,294,000 1,120,000 ~ 1,341,000	1,388,000 1,342,000 ~ 1,487,000	1,587,000 1,488,000 ~ 1,670,000	1,753,000 1,671,000 이상
3~5세	546,000 223,000 ~ 639,000	732,000 640,000 ~ 814,000	896,000 815,000 ~ 974,000	1,053,000 875,000 ~ 1,121,000	1,189,000 1,122,000 ~ 1,284,000	1,379,000 1,285,000 ~ 1,477,000	1,576,000 1,478,000 ~ 1,654,000	1,732,000 1,655,000 ~ 1,828,000	1,924,000 1,829,000 이상
6~11세	623,000 244,000 ~ 699,000	776,000 700,000 ~ 864,000	952,000 865,000 ~ 1,044,000	아들의 표준 양육비 1,136,000	1,302,000 1,220,000 ~ 1,408,000	1,514,000 1,409,000 ~ 1,559,000	1,605,000 1,560,000 ~ 1,717,000	1,830,000 1,718,000 ~ 1,997,000	2,164,000 1,998,000 이상
12~14세	629,000 246,000 ~ 701,000	774,000 702,000 ~ 884,000	995,000 885,000 ~ 1,107,000	1,220,000 1,108,000 ~ 1,303,000	1,386,000 1,304,000 ~ 1,484,000	1,582,000 1,485,000 ~ 1,650,000	1,718,000 1,651,000 ~ 1,797,000	1,876,000 1,798,000 ~ 2,143,000	2,411,000 2,411,000 이상
15~18세	678,000 260,000 ~ 813,000	948,000 814,000 ~ 1,076,000	1,205,000 1,077,000 ~ 1,290,000	딸의 표준 양육비 1,376,000	1,610,000 1,494,000 ~ 1,715,000	1,821,000 1,716,000 ~ 1,895,000	1,970,000 1,896,000 ~ 2,047,000	2,124,000 2,048,000 ~ 2,394,000	2,664,000 2,395,000 이상

기본 원칙

1. 자녀에게 이혼 전과 동일한 수준의 양육환경을 유지하여 주는 것이 바람직함.

2. 부모는 현재 소득이 없더라도 최소한의 자녀 양육비에 대하여 책임을 분담함.

산정기준표 설명

1. 산정기준표의 표준양육비는 양육자녀가 2인인 4인가구 기준 자녀 1인당 평균양육비임.

2. 부모합산소득은 세전 소득으로 근로소득, 영업소득, 부동산 임대소득, 이자소득, 정부 보조금, 연금 등을 모두 합한 순수입의 총액임.

3. 표준양육비에 아래 가산, 감산 요소 등을 고려하여 양육비 총액을 확정할 수 있음.

   1) 자녀의 거주지역(도시지역은 가산, 농촌 등은 감산)

   2) 자녀 수(자녀가 1인인 경우 가산, 3인 이상인 경우 감산)   3) 고액의 치료비

   4) 부모가 합의한 고액의 교육비

   5) 부모의 재산상황(가산 또는 감산)

   6) 비양육자의 개인회생(회생절차 진행 중 감산, 종료 후 가산 고려)

   – 가족 구성원: 양육자, 비양육자, 만 15세인 딸 1인, 만 8세인 아들 1인인 4인 가구

   – 부모의 월 평균 세전 소득: 양육자 180만 원, 비양육자 270만 원, 합산소득 450만 원

1. 표준양육비 결정

   가. 딸의 표준양육비: 1,376,000원

      (자녀 나이 15~18세 및 부모합산소득 400만 원~499만 원의 교차구간)

   나. 아들의 표준양육비: 1,136,000원

      (자녀 나이 6~11세 및 부모합산소득 400만 원~499만 원의 교차구간)

   다. 딸, 아들의 표준양육비 합계: 2,512,000원(=1,376,000원 + 1,136,000원)

2. 양육비 총액 확정

   가산, 감산 요소가 있다면 결정된 표준양육비에 이를 고려하여 양육비 총액 확정

   가산, 감산 요소가 없다면 2,512,000원

3. 양육비 분담비율 결정

   비양육자의 양육비 분담비율: 60% [=270만 원÷(180만 원+270만 원)]

4. 비양육자가 지급할 양육비 산정

   양육비 총액×비양육자의 양육비 분담비율의 방식으로 산정

   – 비양육자가 지급할 양육비: 1,507,200원(=2,512,000원 × 60%)

양육권은 무기가 아니다

양육권 다툼을 하기 전에 부모 모두 반드시 고려해야 할 것이 있다. 자기 자신은 물론이고 아이를 위해 가장 현명한 선택이 무엇인가를 객관적으로 생각해보는 일이다.

A는 남편 B와 결혼한 지 5년 정도 되었고, 그 사이에 다섯 살 난 아이 C가 있었다. A와 B 둘 다 직업이 없었지만, B의 어머니가 여유가 있어 모든 생활비를 지원해주는 상황이었다.

A는 남편 B와 이혼을 하고 싶어 했고, 재산분할을 최

대한 많이 받기 바랐다. 그러나 B 명의의 재산은 모두 그의 아버지로부터 물려받은 것이었다. 남편 B의 부정행위를 증명할 증거도 없어 위자료청구마저 어려워보였다. A가 이야기하는 이혼사유는 오로지 결혼생활이 지겨워졌다는 것뿐이었기에 A가 원하는 거액 또는 원하는 비율의 재산분할 지급도 불가능한 상황이었다. 나는 상담을 하면서 A에게 현실적인 금액을 알려주었다. 그러자 A가 물었다.

"아이를 제가 키우면요? 그러면 양육비로 더 받을 수 있지 않나요?" "집도 남편 B 명의이고, 시댁이 더 부자이니 판사는 선생님보다 남편이 아이를 기르는 것이 아이 복리에 더 적합하다고 볼 것 같습니다. 양육권도 쉽게 가져오기는 어려워 보입니다." A의 질문에 대한 우리의 답이었다. 그러자 A의 입에서 다소 당황스런 말이 나왔다. "아니, 그러면 제가 아이를 포기하는 것이니 그 부분이 계산되어야 하는 게 아닌가요?"

이를 듣고 있던 나는 기가 막혔다. 그래서 내 옆에 있던 동료 변호사에게 물었다. "지금 이분 말씀이 무슨 뜻입니까?" 동료 변호사의 말은 이랬다. "양육권을 가져오지 못하니, 저쪽에서 아이를 데려가는 값을 쳐 달라는 뜻인 것 같습니다." A가 말했다. "네, 맞아요."

우리는 차분하게 A가 생각하는 개념은 통용되기 어렵고, 그녀의 이혼소송 승소 확률은 거의 없다는 의견을 솔직하게 전달했다. 그 후로 더 이상 A를 만나지 못했다. 내 생각에 그녀는 이혼하지 않았을 것이다. 당분간 이혼 생각은 접고 그대로 살 가능성이 매우 높다. 아무리 결혼생활이 지겹더라도 남편의 재산으로 놀고먹을 수 있는 기회를 버릴 사람이 아니었다. 양육권을 포기하는 대가로 금전적 보상을 바라는 사람이니…….

그렇다면 위 사례와는 달리 양육권을 인정받아 양육비를 받는다면 금전적 이득이 생길까? 다음 사례를 보면 그렇다고 단언하기 어려워 보인다.

남편 D과 아내 E는 결혼한 지 20년 정도 되었고 그 사이에는 고등학생인 F가 있었다. 남편 D의 이혼청구로 소송이 시작되었는데 아내 E는 자녀 F에 대한 양육을 자신이 하겠다고 주장하였다. 남편 D는 새 출발을 하고 싶어 양육권을 꺼리면서도 자녀 F에 대한 양육비는 주기 싫어했다.

소송에서 자녀 F에 대한 양육비가 문제가 되었다. 아내 E는 F가 예체능 특기생으로 대입을 준비하고 있기에 F가 고등학교를 졸업할 때까지만이라도 최소 월 300만 원의 양육비가 필요하다고 주장하였다. 의뢰인이었던 남편 D의 의사는 강경했다. 그런 돈을 아내 E에게는 줄 수 없다고 생각하고 있었기 때문이다.

강남에서 고등학생을 키우려면 꽤 많은 비용이 든다는 점은 많은 사람들이 알고 있다. 학원비, 과외비, 용돈, 의식비 등. 게다가 자녀 F는 체육 특기생이므로 대학입학 전까지 월 300만 원도 빠듯할지 모른다.

하지만 우리는 의뢰인인 남편 D의 요구대로 최대한 양육비를 적게 지급하기 위한 변론을 준비했다.

"자녀 F가 강남의 고등학교에 재학 중이고, 대학입시를 앞두고 있다 하여도 부모가 이혼하는 마당에 그 자녀에게 부모의 이혼 전과 같은 수준의 환경을 제공해준다는 것은 불가능합니다. 그것이 현실입니다!"

소송 결과, 자녀 F를 위해 지급하게 된 양육비는, 아내 E가 요구한 금액의 3분의 1인 월 100만 원이었다.

양육권은 자녀의 복리를 우선적으로 고려하기에 첫 번째 사례의 의뢰인이었던 A처럼 단지 친엄마라고 해서 언제든 쉽게 인정되는 것이 아니다. 그리고 양육권을 확보하더라도 두 번째 사례의 E처럼 양육비가 만족스럽지 않을 수도 있다.

자녀에 대한 사랑이 부족해서 양육권을 얻지 못하는 것이 아니다. 또한 사랑하지 않아서 양육권을 주저하는 것도 아니다. 현실도 생각해야 한다. 내 욕심 때문에 자녀가 더 나은 환경에서 자랄 수 있는 길을 막는 것은 아닌지, 더 좋은 기회를 빼앗는 것은 아닌지도 생각해봐야 한다. 사랑만으로 아이를 키울 수는 없다. 양육비가 만족스럽게 결정될 확률도 높지 않다.

양육권은 금전적인 이득이 목적이 되면 안 된다. 아이를 중심으로 생각해야 한다. 양육비의 주인은 내가 아닌 아이다. 양육비를 무기 삼아 욕심 부리지 말자. 이혼하는 마당에 현실을 외면하고 감정에 치우쳐 양육권에 얽매이지도 말자.

사람은 판단력 결여에 의해 결혼하고,
인내력 결여에 의해 이혼하고,
기억력 결어에 의해 새혼한다.

– 아르망 살라크루

5

재혼할 때
고민되는 것들

돌싱을 커밍아웃하라

　내 지인 중에 유명 일본어학원 원장이 있다. 일본 남자와 사귄 후 결혼식만 올리고 동거하다가 헤어진 경험이 있는데, 이별 뒤에 남은 건 그에게서 배운 일본어였고, 덕분에 일본어학원을 운영하게 되어 성공한 이야기를 책으로 출간한 적도 있다. 이 원장은 자신의 이혼 사실을 당당히 밝혔고, 더 나아가 이야기로 만들어 이를 영업 전략으로 사용하고 있다.

　이 원장은 나를 '돌돌싱'이라고 명명했다. 내가 두 번 이혼했다는 의미다. 그녀도 돌돌싱이다. 일본인 남자와는 결혼식만 하고 혼인신고는 안 했지만 그 뒤로 한국 남자와 결혼했다가 아이를 낳고 이혼했다. 지금은 아이를 키우면서 학원사업이 크게 성공해 재미있게 운영하면서 즐겁게 살고 있다. 다음에는 좋은 남자를 만나더라도 정신건강을 위해 혼인신고는 안 하겠다고 한다.

내 또래의 다른 여자 한 명도 첫 남편과 이혼한 후 두 번째 남자와 동거했는데 그와 5년 정도 살다 헤어지고, 지금은 또 다른 남자와 동거하고 있다. 매우 행복하다고 한다.

그녀들은 이혼 사실을 주저하지 않고 밝힌다. 숨겨봤자 타인과 이야기할 때 말이 점점 꼬이기만 하고 피곤하기 때문이다. 나도 숨기지 않는다. 바로 돌돌싱이라고 밝힌다. 그게 속 편하다.

예전에는 이혼했다는 사실 자체를 쉬쉬했지만 요즘은 돌싱 상태에서 연애하는 걸 은근한 낭만과 멋스러움으로까지 여긴다. '그래도 두 번 이혼한 건 좀 그렇지 않냐'고 하겠지만 이 역시 시간만 지나면 세상의 인식이 자연스럽게 변할 것이다. 한 번 이혼이나 두 번 이혼이나 그게 그거다.

수년 전 회사에 면접을 보러 온 여자 분에게 나도 모르게 "결혼은 하셨어요?"라고 물어본 적이 있다. 그녀는 1초도 망설이지 않고 "이혼했어요."라고 대답했다. "아, 네~." 이것으로 모든 상황은 종료되었다. 자신의 사생활을 그럴싸하게 포장할 필요가 없어졌다. 모든 게 명백해졌고 더 이상 그 누구도 그녀에게 이런저런 쓸데없는 말을 붙이지 않는다. "이렇게 참한 분을 부인으로 둔 남편은 얼마나 행복하실까?"라는 식의 폭력적인 찬사를 들으면서 결혼 상태를 유지하는 척하는 부자연스러운 일은 더 이상 없게 된다.

예전에는 이혼했다고 하면 '왜 이혼했는지, 애는 누가 키우는지' 등을 꼬치꼬치 묻는 사람들이 있었다. 그런데 요즘은 처음 보는 사람의 혼인여부를 잘 묻지 않는다. 그가 이혼했을지도 모르고 비혼(非婚)일지도 모르기 때문이다. 재혼 전문 결혼정보회사를 통해서 만난 사람들끼리도 상대방의 이혼사유를 꼬치꼬치 묻곤 했다. 나도 10년 전에 가입해봤고, 여기서 만난 사람들과 서로 많이 물어봤었다. 그러나 최근에는 돌싱끼리 만나면 과거의 이혼사유는 잘 묻지 않는다. 이야기하더라도 아주 간단히 언급하고 지나간다. 이런 종류의 이야기는 한 번 꺼냈다 하면 최소 30분 이상 설명해야 하고, 그로 인해 분위기가 갑자기 우울해지기 때문이다. 다 저마다의 사연과 말하고 싶지 않은 아픔이 있기 마련이다.

이제 더 이상 누구도 당신의 돌싱, 돌돌싱 상태를 뭐라 하지 않는다. SNS 프로필에 자신의 정보를 '이혼'이라고 해두고 혼자서 자녀를 키우는 얘기를 올리는 사람도 있다. 나도 카카오스토리에 나의 돌돌싱 이야기를 올렸다.

공기업이나 대기업에서는 아직도 3,40대 여성들이 이혼 사실을 숨기기도 한다. 밝힌다고 해도 해고는 당하지 않을 텐데……. 다만 커밍아웃을 하면 똥파리 같은 남자들이 좀 꼬일 수는 있다. 하지만 뭔가 꼬여야 일이 생기지 않을까? 누구든 만나야 뭐든 이루어진다. 순간의 민망함과 부끄러움은 잠시만 참으면 된다. 그다음에는 아주 재미난 일이 벌어질지 모른다.

결혼 전에 동거부터

결혼이란 서로의 몸을 쇠사슬로 묶고 자물쇠로 잠근 뒤, 그 열쇠를 바다에 버리는 행위이다. 그 자물쇠를 풀려면 전기톱 같은 것으로 자르는 수밖에 없다(소송과 지난한 싸움을 통해서 말이다). 합의이혼은 깔끔할 것 같지만 이 또한 매우 피곤하고 힘든 일이다. 결혼에 한 번 묶이면 헤어 나오는 것이 굉장히 어렵다. 물론 잘 맞는 사람과 행복한 결혼생활을 하는 사람은 쇠사슬로 느끼지 않겠지만, 누군들 처음에는 그렇게 불행해질 것이라 생각하고 시작했겠는가.

결혼과 같은 지독한 쇠사슬에 묶이기 전에 일단 느슨한

동거를 해보는 건 어떨까? 아니면 결혼식 올린 후에도 혼인 신고는 보류하는 건 어떨까?

이혼과 동거에 대한 인식이 달라지고 있음은 통계자료가 증명해준다. 통계청이 발표한 '2018년 한국의 사회지표'를 보면 '결혼을 하지 않고 같이 살 수 있다'는 동거에 대한 긍정적인 답변은 56.4%로, 2016년보다 8.4%포인트 증가하였다. 반면 동거에 반대하는 비율은 52%에서 43.6%로 감소했다.

이와 관련하여 한 가지 더 이야기해보고 싶은 것은 '동거약정제도' 도입의 필요성이다. 예를 들어, 프랑스는 결혼을 하지 않고 동거약정을 함으로써 법령상 혜택을 주는 제도(사회연대협약pacs)가 있다. 동거약정을 하면 배우자 직장에서 수당을 지급받거나 동거를 그만두어도 재산분할 등의 혜택이 있다.

가장 중요한 것은 상대방이 사망하거나 큰 사고가 나는 경우인데, 경제생활상 공동체임에도 병원에서 혼인 배우자가 아니라는 이유로 동의를 할 수 없으면 문제가 심각하기 때문에 도입된 제도이다.

우리나라 현행 법제상 사실혼에 대한 보호는 굉장히 미비하다. 그렇다고 재혼을 하자니 다시 혼인이라는 사슬에 얽매이는 것이 두렵다. 따라서 사실혼과 혼인의 중간 단계에 있는 관계를 보호할 수 있는 제도가 필요하다. 예를 들면, 혼인의 내용 중 몇 가지만이라도 약정할 수 있게 하는 제도를 생각해볼 수 있다.

꼭 이성 간의 관계가 아니더라도 할머니들이 서로 의지하며 살아가는 관계가 있을 수 있는데, 이때 한 명이 사망하면 그 재산은 평소에는 얼굴도 비추지 않던 자녀들이 상속받게 된다. 혈연이나 혼인관계는 아니지만 재산분할이나 상속 혜택을 받지 못하는 경제생활공동체를 보호할 수 있는 제도적 장치가 필요하지 않을까?

재혼과 상속문제

재혼 후에 배우자 중 일방이 사망하면 상속분쟁은 100퍼센트 터진다. 그리고 재혼 후 이혼하는 경우에는 초혼보다 그 과정이 훨씬 더 복잡하다. 자녀들은 이미 어른이 되었고 이들도 의사결정권자에 해당하기 때문이다.

초혼의 경우에는 배우자 중 일방이 사망하여 잔존 배우자가 이를 상속하더라도 결국에는 그 재산이 자녀들에게 돌아간다. 즉, 아버지가 사망하여 어머니와 그 자녀들에게 법정상속분에 따라 상속이 되더라도 이후 어머니가 사망하게 되면 그 상속은 자녀들의 몫이 된다.

그러나 재혼의 경우에는 재혼한 배우자에게 재산분할, 상속의 몫으로 지급된 것이 기존의 자녀에게 영영 돌아오지 않게 된다. 아버지의 재산이 새어머니에게 가고, 다시 새어머니의 전 남편 자식에게 가버린다. 또한 재혼 배우자는 초혼 배우자보다 사망한 자의 재산형성에 기여도가 훨씬 적은 경우가 많은데, 이렇게 넘어가버린 재산이 복귀하지 않는다는 것은 심각한 모순이다.

특히 요즘 3,40대는 목돈 마련이 힘들기 때문에 시간이 지날수록 부모의 재산에 관심이 많다. 이에 따른 상속분쟁은 피할 수 없는 현실이 된다. 재혼을 생각한다면, 재산이 조금이라도 있다면, 상속에 대한 대비가 반드시 필요하다.

민법 제829조에 '부부재산의 약정'이란 제도가 있다. 오래전에 생긴 제도인데, 잘 이용되지 않다가 최근 재혼부부에게 가끔 이용되고 있다. 재혼이 아닌 초혼이더라도 각자 재산이 많은 경우에는 이러한 약정이 필요하다.

민법 제829조 제1항에 의거 부부재산약정은 '혼인성립 전'에 이루어져야 하며, 제4항에 의거 이를 '등기'하여 제

3자에게 대항할 수 있도록 하고 있다. 부부재산약정에 관한 등기는 쌍방의 신청에 의하며, 신청 시 부부재산약정등기신청서, 부부재산약정서, 인감증명서 등이 필요하다. 아울러 제2항에 따라 혼인 중 그 약정 내용을 변경하지 못하지만, 정당한 사유가 있는 때에는 법원의 허가를 얻어 변경할 수 있다.

약정 내용

약정 내용은 자유지만, 혼인의 본질적 요소, 남녀평등, 사회질서에 반하는 내용은 안 된다. 다만, 이혼 시 재산분할에 관한 기준을 정하거나 상속에 관한 대략적인 내용을 정하는 것은 가능하다.

배우자 사망으로 인한 부부재산관계의 청산방법으로서 '부부재산제에 의하는 입법례'와 '상속에 의하는 입법례'가 있는데, 우리 민법은 후자의 입장에 있으므로 일방 배우자가 사망하면 상속의 절차를 따르게 된다.

피상속인(사망자)이 생전에 자신의 사후 재산 귀속처와 그 비율을 정하는 것은 유증(유언자가 유언에 의하여 재산을 수증

자에게 무상으로 증여하는 행위)이나 사인증여(증여자의 사망으로 인하여 효력이 발생하는 증여)의 방식에 의하도록 하여야 하며 부부재산약정으로는 불가능하다는 견해가 다수이다.

그러나 민법 제829조 제4항이 부부재산약정을 등기하지 않을 경우, 부부의 승계인, 즉 상속인에게 대항할 수 없다고 하는 것을 본다면 암묵적인 상속계약도 부부재산계약의 내용이 될 수 있다는 반대 견해도 있다.

법정상속분 또는 유류분(피상속인의 상속인 중 일정한 근친자에게 법정상속분에 대한 일정비율의 상속재산)을 침해하는 내용이라 하더라도 그러한 증여나 유언 사체를 막을 수는 없고, 그러한 증여나 유증이 당연 무효가 되는 것도 아니라는 점에서 상속에 관한 사항도 어느 정도는 부부재산계약으로 미리 정하는 것이 가능하다고 본다. 재산계약 당시에는 유류분을 침해하는지 여부도 아직 알 수 없기 때문이다.

유증과 유류분 반환청구

다만, 부부재산약정 이외에도 유증 등의 방법을 추가로 이용하여 보완해두면 법적 분쟁을 더 줄일 수 있다. 그리고 상속을 제대로 받지 못한 배우자의 경우, 상속개시 후에 유류분반환청구가 가능하다. 즉, 유류분권은 상속개시 전에 일종의 기대권(장래에 일정한 사실이 발생하면, 일정한 법률적 이익을 받을 수 있다는 기대나 희망을 내용으로 하는 권리)으로서 추상적이고 잠재적인 형태로 존재하는 권리다.

유류분의 비율은 피상속인의 직계비속, 배우자는 그 법정상속분의 1/2이므로 피상속인의 자녀 2명과 배우자가 공동상속인이 되었을 때 각각의 법정상속분은 1 : 1 : 1.5이다. 피상속인의 자녀 2명에게 전 재산을 유증으로 사후 증여하게 될 경우 배우자는 위 법정상속분 1.5의 1/2에 해당하는 0.75만큼 유류분반환청구를 할 수 있다.

요즘처럼 이혼과 재혼이 급증하고 있는 때에 '부부재산약정'을 꼭 고려해봐야 한다.

계모는
왜 전처의 자식을 미워할까

2016년 계모가 남편의 아들을 3개월 동안 난방이 되지 않은 화장실에 가둔 채 락스를 붓는 등 학대해 숨지게 한 사건이 있었다(이른바 원영이 사건). 더 충격적인 사실은 계모의 이런 행동을 보고도 남편이 제지하지 않았다는 점이다. 남편은 원영 군의 사망 이후에도 아동학대 행위가 발각될까봐 구호조치 없이 방치한 혐의로 재판에 회부됐다. 이들은 원영 군의 시신을 이불로 싸 열흘 동안 베란다에 보관하다 경기도 평택시의 한 야산에 암매장한 혐의도 인정되어 계모는 징역 27년, 친부는 징역 17년으로 형이 확정되었다.

계모, 계부 문제는 인류 역사상 계속되어 왔던 문제이며 지금도 마찬가지다. 사소하게는 먹을 것에 대한 차별 등 소극적 학대부터, 폭력과 폭언 등 적극적 학대까지 가해지고 있다.

도대체 왜 계모들은 남편의 전 부인 자식을 그토록 미워할까? 그것은 계모에게는 전처 자식들이 도움이 안 되는 존재이기 때문이다. 남편이 벌어오는 돈과 식량을 축내는 존재, 사랑 없이 돌봐야 하는 거추장스러운 존재, 남의 집 아이들보다 더 다루기 힘든 존재에 불과하다.

이럴 때 남자는 새 아내의 편이 되고 만다. 어렵게 만난, 남자로서 성적 욕망을 함께 나눌 수 있는 상대이기에, 새 아내의 말을 전적으로 믿고 의지하게 된다. 아이의 멍든 몸을 보고도, '놀다가 다쳤다'는 아내의 말을 그대로 믿으면서 아이의 말에는 귀 기울이지 않는다.

위의 사례처럼 극단적인 경우가 아니더라도 새 엄마들은 보통 전처의 아이들에게 좋은 감정으로 대하지 않는다. 아이들 역시 낯선 사람이 갑자기 엄마가 되었다는 사실을 받아들이기 힘들어 반항하기 때문에 충돌이 빈번하게 일어난다.

여자의 숭고한 모성애도 종족번식을 위한 진화로 이루어진 산물인데, 그 모성애가 광범위하게 발휘되지 않고 극단적으로(자기 자식에 대해서만) 표현되면, 전처 자식을 강력한 스트레스나 죽음으로 몰고 가는 것이다.

한편, 여자의 모성애에 대응하는 것이 남자의 강렬한 바람기이다. 바닷속 물고기 수컷은 수십만 개의 정자를 온 바다 속에 방사한다. 봄철 나무는 수천만 개의 꽃가루를 천지에 휘날린다. 바다거북은 수천 개의 알을 모래사장에 낳는다. 남자도 동물 세계와 크게 다르지 않다.

남자의 극단적 바람기로 인한 가정의 파국은 남자가 자신의 본능만 추구하고, 아내의 마음은 전혀 배려해주지 않는 것에서 비롯된다. 이런 상황이 지속되면 가정은 엉망이 된다.

계모도 마찬가지다. 자신의 가정생활 영위를 가능하게 해주는 남편과 그 전처 자식에 대한 기본적 배려 없이 오직 자신의 이기적 욕망만 충족시키고, 남편을 돈 버는 기계로만 여기며 머슴처럼 부려먹기만 한다면 이 가정 역시 파국에 이를 수밖에 없다.

인간사 대부분의 문제는 자신의 욕망만 챙기고, 그에 따른 반대급부는 하지 않으려는 데에서 나온다. 극단적 바람기나 극단적 모성애가 진화의 결과물이기는 하지만 우리는 동물과는 구별되는 인간이므로 본능을 이성으로 통제해야 한다. 이것에 실패하면 남편과 계모의 인생도 실패하게 된다.

원영이 사건처럼 남자가 계모의 악행을 알더라도 그것을 막지 못하는 경우가 있다. 여자가 탁월한 경제력을 가졌거나 빠져나올 수 없는 성적인 매력을 가졌거나 하는 등 여러 가지 이유가 있을 수 있다. 원영이 사건은 남자의 결단력 부족과 다른 여자를 다시 만나지 못할 것이라는 두려움 등이 결합되어 만들어진 결과물이라고 본다.

불행을 미연에 방지하기 위해서는 재혼할 때 상대방 자녀에 대한 교육방침이나 관계설정을 미리 합의하는 등 명확한 선을 그어놓는 것이 바람직하다. 경제력이 있다면 별도의 생활공간을 두는 방법도 좋다. 생활공간이라도 따로 있으면 극단적인 스트레스나 갈등을 다소 줄일 수 있다. 다만 이렇게 미리 약정을 해두더라도 잘 지켜지지는 않는 게 인간사이기는 하다.

물론 계부 계모라 하더라도 전처 전남편이 낳은 아이들과 원만하고 행복한 가정을 이루는 경우도 많다. 다만, 재혼 가정에 대해 색안경을 끼고 바라보는 시선이나 편견, 선입견 등은 하루 빨리 사라져야 한다.

돈 보고 접근하는 사람들을
조심하라

　몇 년 전, 치매가 있는 80대 재력가와 위장결혼해 재산을 가로채려 한 60대 여자에게 법원이 혼인신고가 무효라는 판결을 내린 경우가 있었다(조선일보 2016.11.22. 기사 참조).

　사실관계는 이렇다. A는 사망 당시 83세, B는 간병인으로 71세였다. A는 저혈당, 당뇨, 말기신부전 등으로 입원 및 통원치료를 하던 중 치매 판정을 받았고, 다른 사람 도움 없이는 아무 것도 할 수 없는 상태였다. 집 주소, 가족 이름도 기억하지 못하였고, 기저귀에 대변을 본 상태로 손을 넣어 만지며 장난치는 등 판단능력에 장애가 있었으며, 혼자 식사도 불가능할 정도로 행위능력에도 문제가 있었다.

이러한 상황에서 B는 A의 입원 중에 혼인신고서를 제출해서 혼인신고를 마쳤다. B는 A가 사망하자 A의 50억 원가량의 부동산 소유권을 자신에게 이전하는 등기 및 근저당권설정등기를 마쳤다. 이에 A의 조카가 혼인무효확인소송 및 상속회복청구소송을 제기한 사건이었다.

이 사건에서 재판부는 "혼인신고 때 혼인의 의미와 결과를 정상적인 인식력을 바탕으로 합리적으로 판단하거나 결정할 수 있는 수준에 미치지 못해 혼인을 합의할 의사능력이 흠결되었다."며 "따라서 혼인신고는 당사자 간 합의 없이 이뤄진 것이고 사실혼 관계에 있었다고도 볼 수 없다."며 혼인 무효를 선고하였다.

재력가 노인을 유혹해서 결혼한 뒤 재산을 가로채려는 경우가 생각보다 많다. 이때에는 혼인무효소송을 하거나 사전에 재력가 노인을 성년후견신청하여 자유롭게 재산처분이나 결혼을 하지 못하게 만들어야 한다.

주변에 간병인이나 도와줄 사람이 필요하다면 결혼이 아니라 단순한 요양과 병수발 목적으로만 사람을 두는 것이 좋다.

다투며 성내는 여인과 함께 사는 것보다
광야에서 혼자 사는 것이 낫다.

– 성경(잠언 21:19)

6

협의이혼,
어떻게 할까?

협의이혼도
법대로 해야 한다

이혼은 소송보다 협의이혼이 낫다. 실제로 우리나라에서
이루어지는 이혼의 90%가 협의이혼이다. 그런데 그 협의이
혼의 90%를 본인들이 알아서 해버린다. 본인들이 알아서
각서를 만들고 사인을 한 후 끝낸다. 여기서부터 문제가 생
긴다.

나도 협의이혼상담을 많이 받는데, "저한테 오셔서 당신
의 부동산 목록과 재산을 일목요연하게 잘 정리하고, 이혼
협의서를 쓰고, 그런 다음 제가 상담해드리겠습니다. 상담
료는 100만 원입니다."라고 말하면 아무도 안 온다. 100만

원이 아까우니까. 그리고는 얼마 있다가 자기가 알아서 작성하고 나서 찾아온다. "이렇게 쓰면 될까요? 이렇게 쓰면 효력이 있나요?" 읽어보면 무슨 말을 하려는 건지 알 수가 없다.

특히 공부 좀 했다는 사람들은 자기가 알아서 문장을 만들어 쓰면 된다고 생각한다. 별 거 아니라고 생각한다. 그런데 전혀 그렇지 않다. 교수들이 특히 심하다. 이분들은 자기 전공 분야도 아니면서 자기가 쓰면 다 된다고 생각한다. 이렇게 하면 절대 안 된다. 애매한 말들만 어지럽게 나열해봤자 법적 효력은 거의 없는 경우가 많다.

예를 들어, 협의이혼을 전제로 재산분할을 한다고 썼는데, 나중에 협의이혼이 안 되고 재판상 분할로 가버리면 그 협의서는 아무런 효력이 없다. 또 재산포기약정서를 썼는데, 그 재산포기약정서가 언제까지나 유효한 것이 아니다. 재산포기 의사는 매우 '진지한 의사'에 기반해 냉정하게 계산해서 포기한다는 의사여야 유효하다. 홧김에 '다 준다, 다 줘. 써줄게'라고 하면서 작성한 협의서는 효과가 없다.

법률은 '나의 생각'과 '상대방의 생각'과 '제3자의 생각'을 조화시킨 생활규칙이다. 나의 입장, 다른 의견이 있는 상대방의 입장, 그 모든 것을 바라보는 제3자의 입장, 판사의 입장, 사회질서 차원에서의 용납여부 등 여러 가지 시각이 공존한다. 그렇기 때문에 아무리 공부를 많이 한 사람이라도 자기 입장에서만 쓰면 법적 효력을 인정받지 못한다.

협의이혼서, 혼자 끙끙거리면서 쓰지 말고 변호사의 상담을 받길 바란다. 상담료 아까워하다 협의이혼 문구를 잘못 써서 수천만 원, 수억 원이 날아가는 경우가 생각보다 꽤 많다.

이 세상 모든 일에는 '투자'가 있어야 한다. 싼 게 비지떡이다. 대충 하면 사고 난다. 전문가를 찾고 전문가에게 도움을 받아야 한다. 몸이 아프면 병원에 가야 하고, 수술을 하려면 대형병원에 가야 하는 것과 마찬가지다.

이혼은 일생일대의 중병에 해당한다. 병으로 치면 중환자실에 가야 할 정도의 병이다. 그런데 이걸 왜 동네약국에서 연고 사다가 상처에 대충 바르려고 하는가. "왜 이렇게 돈을 날리셨습니까. 변호사한테 맡겼으면 잘 해드렸을 텐데요." 하고 물어보면, "전 몰랐어요. 지나고 보니 팔자라는 생각이 듭니다." 이렇게 말한다. 팔자는 무슨?

변호사 찾아가는 일을 두려워하는 사람들이 많다. 변호사라고 무조건 소송만 하고, 무조건 수임료를 내라고 할까 봐 두려운가? 그렇지 않다. 인생의 중요한 일을 결단하는데, 100만 원 정도는 투자해도 되지 않을까? 부모님이 중병에 걸렸는데 돈이 아까워 병원에 안 모시고 가겠는가? 자식이 아프다는데 돈 아끼려고 병원에 안 보내겠는가?

문서로 반드시 남겨야 할
협의사항

꼭 들어가야 할 문구

협의이혼 합의서에서 가장 중요한 문구는 "이혼한다." "위자료가 ~이다." "재산분할이 ~이다." 등이다. 그리고 재산분할에서 "공무원연금과 국민연금은 어떻게 하고, 부동산은 어떻게 하고, 전셋집은 어떻게 하고, 자동차는 어떻게 한다." 이러한 것들을 상세하게 적어야 한다.

주의할 점은 협의이혼 시 법원이 재산분할 및 위자료, 면접교섭권에 대한 약정서를 제시할 것을 요구하지 않으므로, 반드시 당사자 간에 '별도로' 약정하여야 한다. 만

일 이를 하지 않았다면 이혼 성립 후에도 청구가 가능하나, 여기에는 기간의 제한이 있다. 즉, 재산분할청구는 2년, 위자료청구는 3년의 기간 제한이 있다. 이 과정에서 신속하고 정확한 변호사의 도움이 필요하다. 제발 돈 좀 써라. 돈은 벌기 위해서도 써야 하지만, 돈을 지키기 위해서도 써야 한다.

협의이혼 합의서 쓰고 나면 그 내용에 대해 번복하기 어렵다

협의이혼 당시에 남편이 이래저래 핑계를 대면서 실제로는 양육비를 200만 원으로 구두 약정했지만 협의이혼 합의서에는 100만 원이라고 쓰자고 했다가, 나중에 이혼이 성립되고 나니 100만 원만 주겠다고 우기는 경우가 있었다. 이 경우 이미 문서로 남아 있기 때문에 실제 양육비가 200만 원이었다는 점을 증명하기 어려워진다. 배신감이 들겠지만 어차피 이혼하면 남이다. 옛정 따위는 돈 앞에서 무의미하다. 따라서 반드시 문서로, 제대로 남겨, 할 말 없게 만들어야 한다.

이혼 도장 찍은 후에도 별도의 위자료, 재산분할소송은 가능

협의이혼 합의서에서 재산분할을 약정하고 이혼신고를

함으로써 이혼이 성립하였는데, 이후에 상대방의 새로운 재산이 발견된 경우, 이에 대해서도 재산분할이 가능하다. 또한 혼인 중에 제3자와 부정행위를 한 정황이 협의이혼 성립 후에 발견된 경우에도 위자료청구가 가능하다. 다만, 이 경우 재산분할은 2년 내, 위자료는 3년 내에 청구해야 한다.

양육비 지급에 관한
협의서 작성의 중요성

얼마 전까지만 해도 협의이혼 시 법원에서는 당사자 간 '이혼의사'가 있는지, 그리고 '양육권'을 누가 가지기로 했는지만을 확인하였을 뿐, '양육비'가 현실적으로 어떻게 지급될지의 문제와 '재산분할'에 대하여는 전혀 관여하지 않았다. 그러나 비양육자가 양육비를 지급하지 않는 사례가 빈번하게 발생하면서 사회문제가 되었고 그에 따라 최근에는 협의이혼 시 양육과 친권자 결정에 관하여 당사자 간의 협의서 등을 제출하도록 의무화하였다. 즉, 이혼하려는 자는 이 협의서에 '비양육자가 양육비용을 어떤 방법으로 얼마를 지급할 것인지, 그리고 면접교섭권을 행사할 것인지와 그 구체적 방법 등'을 기재하도록 하였다. 이 협의서를 제출하지 않으면 협의이혼이 불가능하다. 법원은 이를 바탕으로 양육비부담조서를 작성한다. 사후에 이 부담조서를 가지고 집행할 수 있기 때문에 협의서 작성 시 매우 구체적으로 기재하는 것이 바람직하다. 이를 위해서는 변호사를 선임하는 것이 아무래도 좋다. 미국의 경우에는 변호사들이 이러한 협의이혼의 절차를 대행해주는 서비스가 매우 활성화되어 있다.

참고로, 일본의 경우에는 법원의 확인절차도 필요 없다. 당사자가 해당 관공서(구청)에 가서 신고만 하면 협의이혼이 성립한다. 우리나라에서는 남자가 여자를 축출이혼(혼인 상대방이 일방적으로 다른 상대방을 내쫓는 일)할지 모르는 우려로 인해 법원의 확인을 구하는 절차를 거친다. 앞으로 우리도 일본처럼 당사자 간의 합의만으로 법원 판사의 길고 긴 확인절차 없이 협의이혼이 이루어지는 것이 개인의 자유보장 측면에서 바람직하다고 생각한다(다만, 이것은 우리 사회가 충분히 성숙해졌을 때나 가능할 것이다).

협의이혼의 경우에는 보통 양육권자가 정해진다. 문제는

양육비다. 양육비를 주지 않는 경우가 빈번하기 때문이다. 이와 연결하여 재산분할도 문제가 될 소지가 많다. 어떤 재산으로 양육비를 줄 것인지, 어떤 방식으로 어떤 재산을 분할할 것인지 등 말이다. 협의이혼 합의서가 작성되고 협의이혼이 성립하면 합의서와 다른 재판상 청구는 기각되기 때문에 더더욱 전문변호사를 만나 법률 상담을 받을 필요가 있다. 공증을 받아두면 좋다. 공증에서도 변호사의 조력은 필수다.

양육비 이행관리원

양육비 이행관리원은 미성년 자녀를 양육하는 부 또는 모가 비양육자로부터 양육비를 받을 수 있도록 지원하는 기구이다. 양육비 이행관리원에 따르면 2015년 3월 25일 개원 이후 2018년까지 404억 원(총 3천 722건)을 양육비로 받아냈다고 한다.

양육 부·모(양육비채권자)는 필요한 서비스를 지원받기 위해 각각의 단계마다 필요한 서비스를 제공하는 기관을 일일이 찾아갈 필요 없이 이행관리원에 1회 신청만으로 종합지원 서비스가 가능하다. 지원 대상자와 지원 체계는 다음과 같다. 자세한 것은 '양육비 이행관리원' 홈페이지 (childsupport.or.kr)를 참고하기 바란다.

① "양육비 이행확보 및 지원에 관한 법률"에 따른 만 19세 미만 자녀 양육 한부모·조손가족·기타 실질적 양육자

② "한부모가족지원법"에 따른 자녀 양육 한부모·조손가족

③ 취학 중인 22세 미만 자녀, 군 복무 후 복학한 자녀(22세 미만 + 군 복무기간) 양육 한부모·조손가족

– 미혼모는 인지청구(자녀와 친부의 친자확인소송)부터 지원

※ 이혼한 부모뿐만 아니라 미혼모, 미혼부도 지원
※ 저소득 취약 가정이 양육비 이행확보 지원을 신청한 경우에는 경제적 안정을 위해 우선 지원

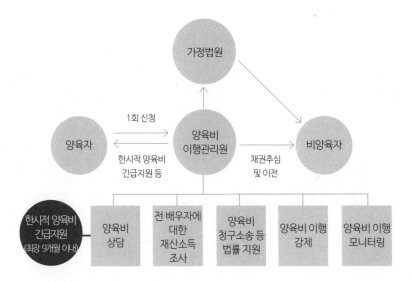

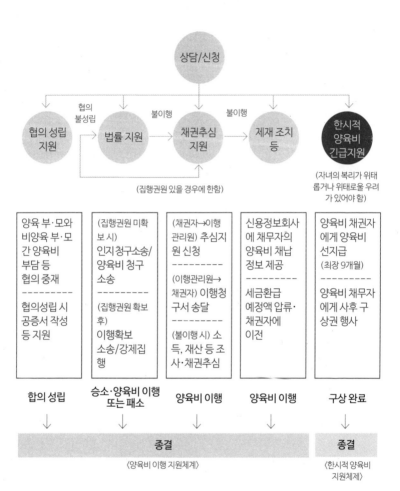

상담/신청

협의 성립 지원 ─(협의 불성립)→ 법률 지원 ─(불이행)→ 채권추심 지원 ─(불이행)→ 제재 조치 등

한시적 양육비 긴급지원
(자녀의 복리가 위태롭거나 위태로울 우려가 있어야 함)

(집행권원 있을 경우에 한함)

| 양육 부·모와 비양육 부·모 간 양육비 부담 등 협의 중재 ---------- 협의성립 시 공증서 작성 등 지원 | (집행권원 미확보 시) 인지 청구소송/양육비 청구 소송 ---------- (집행권원 확보 후) 이행확보 소송/강제집행 | (채권자→이행관리원) 추심지원 신청 ---------- (이행관리원→채권자) 이행청구서 송달 ---------- (불이행 시) 소득, 재산 등 조사·채권추심 | 신용정보회사에 채무자의 양육비 채납 정보 제공 ---------- 세금환급 예정액 압류·채권자에 이전 | 양육비 채권자에게 양육비 선지급 (최장 9개월) ---------- 양육비 채무자에게 사후 구상권 행사 |

| 합의 성립 | 승소·양육비 이행 또는 패소 | 양육비 이행 | 양육비 이행 | 구상 완료 |

종결
〈양육비 이행 지원체계〉

종결
〈한시적 양육비 지원체제〉

재산분할

이와 같이 양육비에 대하여는 법원이 많은 관여를 하고 있지만, 재산분할에 대하여는 거의 관여하고 있지 않다. 협의이혼 시 재산분할은 당사자들의 협의에 맡길 뿐이다. 그러므로 재산분할은 당사자가 직접 신경 써야 하며, 이혼성립일로부터 2년 내에만 청구가 가능하다는 점도 명심하고 있어야 한다. 재산분할은 매우 복잡한 문제이므로 혼자 애쓰지 말고 전문변호사의 도움을 받기 바란다. 당사자가 직접 작성한 분할협의서가 있다고 하더라도 법원이 이를 검토해주지 않고 나중에 애매한 문구로 인해 또다시 보기 싫은 사람과 대면하여 싸움을 해야 하기 때문이다.

이혼은 진보된 문명사회에서는 필수품이다.
그것은 그 사회가 개인의 자유와 경제 안정이 되어 있다는
증거이기 때문이다.

- 몽테스키외

7

이혼소송,
제대로 알고 하기

이혼소송 겁먹지 말자

"우리 이혼하자. 나 이혼소송할 거야."

"무슨 소송까지 해? 이혼해줄 테니 협의로 하자."

"그럼, 협의이혼 진행하게 서류 작성 좀 해줘."

"나 이혼 안 할래. 이혼 생각 없어."

이혼소송과 협의이혼에는 각기 장단점이 있으나 나는 이
혼소송이 낫다고 생각한다. 상대방이 원치 않아도 시시비비
를 가려 이혼의 사유가 인정되면 법원의 판결로 이혼이 가
능하기 때문이다.

협의이혼은 이혼소송보다 기간을 단축시킬 수 있지만, 법원의 판결로 상대방의 부정행위나 그 부정행위의 상대방에 대한 손해배상을 받는 것이 아니다. 그러므로 결혼생활 피해자의 입장에서는 피해회복에 대하여 감정적으로 불완전할 수 있고, 결혼생활 파탄의 주범을 명확히 가릴 수 없다는 단점이 있다.

하지만 결혼 파탄의 주원인이 상대방에게 있고, 상대방의 책임에 대한 증명이 가능한 상황이라면 재판상 이혼을 하는 것도 피할 이유는 없다. 다만, 재판과정에서 서로의 치부가 낱낱이 드러나기 때문에 감정이 상하게 되고, 소송 기간이 1년 이상 길어질 수도 있다.

예를 들어, 상대방이 바람을 피웠고 상간자도 알고 있는 상황이라면 재판상 이혼을 통해 상대방에 대하여 수천만 원의 위자료를 받아낼 수도 있고, 상간자를 상대로도 수천만 원의 손해배상책임을 물을 수 있다. 또 판결문에는 상대방의 부정행위가 인정된다는 판결까지 적히니, 이혼을 했지만 '내가 문제가 아니라, 바람피운 그 인간들이 문제였음'을 대한민국 사법부에게 '확인받을 수 있다는 장점'이 있다.

더욱이 협의이혼을 할 경우 운이 좋으면 일방은 자신의 재산을 숨겨놓고 재산분할의 대상이 되지 않게 할 수도 있지만, 재판상 이혼의 경우에는 재산명시신청이나 금융거래정보제출명령을 통해서 상대방의 재산을 대부분 조회할 수 있으므로 재산분할도 확실하게 할 수 있다.

마지막으로 자신이 잘못했으면서 정작 이혼 생각이 없는 사람도 존재한다. 시간을 끌면 화가 누그러져 이혼 얘기가 없던 것이 될 거라는 생각에서 "재판하지 말자. 협의이혼하면, 재산분할 잘해줄게." 등의 수법으로 시간만 끄는 경우가 종종 있다. 차라리 화끈하게 이혼 소장부터 날리는 것이 시간도 절약하고, 금전 배상도 더 받을 수 있는 좋은 방법이다. 재판상 이혼도 너무 어렵게 생각하지 말자.

성격차이도
이혼사유가 되나요?

이혼상담 시 가장 많은 사람들이 질문하는 것들 중 하나가 바로 '성격차이가 이혼사유가 되는지' 여부다. 민법에서는 '재판상 이혼사유'를 다음과 같이 규정하고 있다.

민법 제840조(재판상 이혼원인) 부부의 일방은 다음 각 호의 사유가 있는 경우에는 가정법원에 이혼을 청구할 수 있다.

1. 배우자에게 부정한 행위가 있었을 때

2. 배우자가 악의로 다른 일방을 유기한 때

3. 배우자 또는 그 직계존속으로부터 심히 부당한 대우를 받았을 때

4. 자기의 직계존속이 배우자로부터 심히 부당한 대우를 받았을 때

5. 배우자의 생사가 3년 이상 분명하지 아니한 때

6. 기타 혼인을 계속하기 어려운 중대한 사유가 있을 때

그렇다면 '부부간 성격차이'는 민법 제840조에 제시된 이혼사유들 중 어디에 해당할까?

통상 결혼생활 중 오랜 기간 동안 있었던 성격차이는 민법 제840조 제6호의 '기타 혼인을 계속하기 어려운 중대한 사유가 있을 때'에 해당된다고 주장하는 경우가 대부분이다. 그러나 법원이 이를 모두 인정해주는 것은 아니다.

의뢰인의 적극적인 증거수집과 전문변호사의 유능한 소송기술이 함께 어우러져야 재판부로부터 부부간 성격차이를 '기타 혼인을 계속하기 어려운 중대한 사유가 있을 때'에 해당한다고 인정받을 수 있다. 법에 명시된 이혼사유에 해당하지 않는 경우에는 이혼소송 자체가 아예 기각될 수 있으므로 소제기 전에 반드시 전문변호사에게 상담받기 바란다.

유책배우자의 이혼청구

부부간 성격차이를 이혼사유로 주장할 경우, 성격차이가 발생하게 된 주요 원인을 제공한 사람이 자기 자신이라면 그러한 배우자는 유책배우자가 되어 이혼청구가 부정될 수 있다. 이 부분도 전문변호사와 함께 상의하여 변론 방향을 자신에게 최대한 유리하도록 만들어야 한다.

파탄 난 결혼생활

끝으로, 민법 제840조 제6호의 '기타 혼인을 계속하기 어려운 중대한 사유'에 관하여 판례에서는 "그 밖에 혼인을 계속하기 어려운 중대한 사유란 혼인의 본질인 원만한 부부공동생활 관계가 회복될 수 없을 정도로 깨져 그 혼인생활의 계속을 강제하는 것이 한쪽 배우자에게 참을 수 없는 고통이 되는 경우"라고 보고 있다.

최근 법원에서는 아무리 유책배우자라 하더라도 혼인관계가 이미 회복될 수 없을 정도로 파탄에 이르러 현재와 같은 혼인생활을 계속 강제하는 것이 한쪽 배우자에게 참을 수 없는 고통이 되고, 상대방도 내심으로는 이혼을 원하지만 오기나 보복의 감정으로 표면상으로만 이혼을 거부하고 있는 때에는 유책배우자의 이혼소송도 인정해주는 추세다.

본인이 유책배우자라고 생각하는 사람이라도 변호사의 도움을 받아 혼인 파탄 사실을 효과적으로 입증한다면 이혼소송의 인용가능성은 높아질 수 있다. 이왕이면 이혼전문 변호사를 찾아가는 것이 좋다. 또한 우리나라는 재산의 대부분이 부동산인데, 부동산은 공유, 상속 등의 문제뿐만 아니라 재건축 문제까지 있어 법률적으로 복잡한 사항이 많다. 부동산에 특화된 전문변호사를 만나는 것도 좋은 선택이다. 변호사를 만나되, 그 분야에서 경험이 풍부한 전문변호사를 찾기 바란다.

이혼사유는 나중에 있을 재산분할 및 위자료청구에도 큰 영향을 미친다는 점을 명심하기 바란다.

다양한 이혼사유와
대표 판례

다음의 이혼사유가 항상 가능한 것은 아니며, 사안에 따라 달라질 수 있다.

의부증

의부증도 이혼사유로 인정되며, 위자료청구도 가능하다.

불륜 의혹을 해명 안 하는 경우

부적절한 관계로 의심받을 충분한 소지가 있는데도 부정행위를 부인하기만 할 뿐 의심을 해소할 만한 어떤 노력도 하지 않는 것도 이혼사유가 된다.

배우자의 부정을 일단 용서해준 경우

배우자의 부정한 행위는 재판상 이혼사유가 되지만, 부정한 행위를 사전에 동의했거나 사후에 용서한 경우 또는 그 사실을 안 날로부터 6개월, 부정한 행위가 있었던 날로부터 2년이 지난 때에는 이혼청구를 할 수 없다. 그 이후 또 다른 부정행위가 있었다면 이혼청구가 가능하다.

제3자에 의해 강간당한 사실이 있는 경우

강간당한 것은 고의로 부정한 행위를 저지른 것이 아니라 어쩔 수 없는 강제에 의한 피해이므로 이혼사유가 될 수 없다.

동거하면서 성생활을 하지 않는 경우

부부는 동거의무뿐 아니라 성생활을 할 의무가 있으며, 이를 이행하지 않는 것은 이혼사유가 된다.

성적 불능

성적 불능을 숨기고 결혼한 경우는 이혼사유가 된다. 그러나 성적으로 불완전하다고 반드시 이혼사유가 되는 것은 아니다. 예를 들어, 전문의의 치료와 조력으로 정상적인 성생활로 돌아갈 가능성이 있다면 이혼사유가 되지 않는다.

합리적 이유 없는 성생활 거부

합리적인 이유 없이 성행위를 거부하여 결혼관계가 파탄에 이른 경우 이혼사유가 된다.

결혼 전의 성관계

결혼 전의 성관계는 부정행위가 아니므로 이혼사유가 아니다.

생식불능

아이를 낳지 못하는 것은 이혼사유가 되지 않는다고 본 판례가 있다.

폭행을 피해 가출한 경우

악의의 유기는 이혼사유가 되지만(민법 제826조 1항), 폭력을 이유로 가출한 것은 피치 못한 것이므로 이혼사유가 아니다.

상대방 배우자의 부모에 '의한' 부당한 대우

배우자 본인뿐 아니라 그 직계존속에 '의한' 부당한 대우도 이혼사유가 된다(민법 제840조 제3호). 예를 들어, 시어머니가 부부의 방에 들어와서 같이 자는 등 부부생활을 방해한 경우 이혼청구가 가능하다.

배우자의 부모에 '대한' 부당한 대우

배우자 본인뿐 아니라 그 직계존속에 '대한' 부당한 대우도 이혼사유다(민법 제840조 제4호). 예를 들어, 장인 장모에게 돈을 달라며 폭행한 것은 이혼사유가 된다.

배우자의 생사가 3년 이상 분명하지 아니한 경우

민법 제840조 제5호. 배우자의 생사가 3년 이상 분명하지 아니한 때에 이혼청구가 가능하다.

인터넷 중독

배우자의 심한 인터넷 중독으로 결혼생활이 파탄 나면 이혼사유가 된다.

지나친 신앙생활

종교가 다르다는 것만으로는 이혼사유가 되지 않는다. 그러나 신앙생활에만 전념하면서 가사와 육아를 소홀히 한 탓에 가정생활이 파탄에 이르게 된 경우에는 이혼사유가 된다.

형의 선고를 받은 배우자

여러 차례 형의 선고를 받았고, 현재도 복역 중이라면 제860조 제6호에 의해 이혼청구가 가능하다.

정신병

정신병이라고 반드시 이혼사유가 되는 것은 아니지만, 불치의 정신병, 상습적인 자살기도 등은 이혼사유가 될 수 있다. 신체의 질병만으로는 이혼사유가 되지 않는다. 결혼 후 질병이 발생하였다는 사실만으로 이혼사유가 되지는 않는다. 다만 장기간 식물인간 상태로 회복 가능성이 없고, 해당 배우자의 부모 또한 이혼에 동의하고 있는 상태라면 혼인관계를 유지하기 어려운 사유에 해당한다고 볼 수 있다.

돈을 벌 수 있는 능력이 있는데도 놀고먹는 경우

지나치게 배우자에게 의존하려는 경우 이혼청구가 가능하다.

지나친 낭비나 도박

민법 제860조 제6호의 사유로 이혼이 인정될 수 있다.

변호사에게 도움받는 법

세상일이 모두 그렇듯 이혼을 하려면 미리 준비해야 한다. 올림픽 경기를 보면 단 몇 분 만에 끝나는 종목이 많다. 그 몇 분이 경기의 전부일까? 아니다. 4년 동안, 아니 그보다 더 오래전부터 치열하게 훈련한 모든 과정이 몇 분의 경기 속에 담겨 있다.

이혼도 '이혼해야지, 이혼할까, 말까' 고민하는 시점부터 약 6개월~1년의 기간이 걸리는데, 이혼하기로 결심했다면 '미리 준비'해야 한다.

'이 사람과 이혼하겠어!'라고 결심했다면, 이혼을 결행할 날짜를 정해 미리 준비하자. 예를 들어, 지금이 8월 15일이라면 '내년 중순경에 이혼하겠어!'라고 정한 후, 차분하게 준비해야 한다.

마음가짐도 치열하게 하되, 최대한 많은 증거를 수집해야 한다. 증거를 수집하고, 기록하고……. 이것이 이혼소송에서 이기기 위한 가장 중요한 준비 과정이다.

카카오톡 메시지를 수시로 '내보내기'해서 따로 모아두기, 자기 이메일로 내보내기 등을 해서 상대방과의 대화내용을 파일로 보관하라. 상대방에게 폭행당했다면 반드시 친구들에게 이야기하고, '이게 어제 그 사람한테 맞아서 이렇게 된 거야'라고 알려라. 병원에 가서 의사에게 진단받고 진단서에도 상세한 사항을 기록해두는 것이 좋다.

또 둘만 있었던 모든 일에 대해 제3자에게 이야기하는 등 객관적인 증거를 남기는 연습을 하라. 이메일, 문자 메시지, 카톡, USB 등 가능한 수단을 모두 동원해 준비하는 게 좋다.

부동산 내역도 다 챙겨라. 상대방의 주민등록등본, 상대방 부모의 인적사항도 다 챙겨라. 그리고 상대방 부모와의 카톡도 다 보관해두는 것이 좋다.

다만, '나한테 유리한 것'만 챙겨야 한다. 유리한 것은 잘 챙기고 불리한 것은 가능한 한 흔적을 남기지 않아야 한다.

혹시 이러한 것들을 미리 준비하지 못했다면 '가사조사제도'를 이용해볼 수 있다. 가사조사제도는 가사조사관이 당사자들을 대면시켜 서로의 주장과 그 반론을 진술하게 하는 것으로, 이혼소송에서의 사실관계 등에 관해 법원에서 직접 개입하여 파악하고자 하는 제도이다. 다만, 이는 소송을 제기한 이후에 최후의 방법으로 선택하는 것이므로, 자신의 힘으로 할 수 있는 한 먼저 증거를 많이 수집하는 것이 더 낫다.

이혼 후의 삶 준비

이혼하려면 이혼한 후에도 먹고살 것이 있어야 한다. 특히 전업주부 역할만 한 경우에는 준비가 더 필요하다.

내 지인 중에 평범한 가정주부였는데 이혼을 위해 철저히 준비한 사람이 있다. 그녀의 남편은 돈을 잘 버는 편이었는데, 이혼을 결심하고부터 꽤 오랫동안 재정적인 준비를 했다. 남편이 사준 명품 핸드백을 모아 중고로 팔아서 현금을 확보하거나 생활비 등을 따로 모으는 방법으로 자그마치 10억 원을 모았다. 입이 쩍 벌어지는 금액이다. 10억 원. 그 돈만 생각하면 든든하고 이혼이 두렵지 않았다고 했다.

한편, 재정적인 준비를 할 때는 사기를 조심해야 한다. 돈 냄새를 맡으면 똥파리들이 꼬이게 마련이다. 그게 똥파리인지 나비인지 잘 분별이 안 되겠지만, 돈을 보고 몰려드는 사기꾼을 조심하기 바란다.

위자료는 얼마를 받을 수 있나?

위자료란

통상적으로 '위자료'라고 부르는 것은 이혼 시 혼인관계 파탄의 책임이 있는 사람이 상대방 배우자에게 배상하는 정신적 고통에 대한 '손해배상금'이다. 위자료의 액수는 변호사의 역량에 따라 얼마든지 달라질 수 있다.

위자료 산정기준

위자료 금액 산정에 대한 구체적인 기준은 법률에서는 직접 규정을 두고 있지 않다.

법원에서는 유책배우자에 대한 위자료 액수를 산정함에 있어서 '유책행위에 이르게 된 경위와 정도, 혼인관계 파탄의 원인과 책임, 배우자의 연령과 재산상태 등 모든 사정을 참작'하여 직권으로 결정하고 있다. 구체적으로 ①혼인파탄의 원인 ②정신적 고통의 정도 ③재산상태 및 생활수준 ④혼인기간 ⑤학력·경력·연령·직업 등의 신분사항 ⑥자녀 및 부양관계 ⑦재혼의 가능성 등이 고려된다. 이중 ① ~ ④의 사항이 중요하게 고려되지만, 구체적 사안에 따라 달라질 수 있다.

위자료청구권의 행사기간

위자료청구권은 불법행위에 따른 손해배상청구권이므로 위자료의 원인이 되는 손해를 안 날로부터 3년, 있은 날로부터 10년 내에 행사하여야 한다.

위자료 액수

이혼의 원인을 제공한 유책배우자가 부담하여야 할 위자료의 액수는 현행 실무 관행을 보면 약 3,000만 원을 기준으로 여러 가지 사정을 고려한 후 가산 또는 감산하는 것으로 보인다. 3,000만 원 이하가 77%로 압도적으로 많고,

5,000만 원 이상은 6.1%에 불과하다. 이혼 피해자에게도 과실이 있는 경우에는 손해배상금액을 결정함에 있어서 피해자의 과실도 참작해야 하고, 오히려 피해자에게 중대한 과실이 있는 경우에는 혼인생활 파탄에 책임 있는 사람이 배상책임을 면할 수도 있다는 입장이다.

사돈과 바람핀 남편의 위자료(서울고등법원 2012드합11112)

A(74세, 여)는 스물두 살이던 1964년 중매로 B(75세, 남)를 만났다. A와 B는 결혼하여 슬하에 5남매를 두었다.

평소 남편 B는 아내 A에게 폭언을 하고 머리채를 잡아 흔들고 물을 끼얹는 등 폭행을 일삼았다. 아내 A는 오랫동안 참고 살아왔다.

그러나 남편 B가 둘째 아들의 장모인 C와 부적절한 관계를 가지면서 문제가 심각해졌다. 남편 B는 2012년 사돈 C와 함께 고속도로 휴게소에서 함께 있는 모습을 장남에게 들키자, 장남 가족에게 폭언과 막말을 했고, 급기야 법원에서 아들 가족에게 접근하지 말라는 명령을 받았다. 남편 B는 같은 해 사돈 C와 함께 모텔에 들어갔다가 딸에게 들키자 딸에게도 폭언을 했다. 이 사실을 알게 된 아내 A는 사과를 요구했으나 오히려 남편 B는 모든 사태의 원인을 아내 A의 탓으로 돌리며 이혼을 요구했다.

참다못한 아내 A는 이혼 및 위자료소송을 제기했다. 이 소송에서 재판부는 "(아내)A씨는 (남편)B씨의 부정행위로 이혼을 요구하는데, (남편)B씨는 이혼을 원하지 않는다면서도 관계 개선을 위한 노력을 하고 있지 않다.", "별거기간이 2년 2개월이 넘었고 관계가 회복될 수 없을 정도로 나빠졌다."고 밝혔다. 이어 "(남편)B씨는 사돈인 C씨와 모텔을 출입하는 등 부적절한 관계로 의심받을 소지가 충분히 있음에도 경위에 관한 진술을 바꿔 A(아내)씨의 의심이 충분히 해소되지 못했다."며 "오히려 자식들이 재산욕심을 갖고 A씨를 부추겨 소송을 냈다고 비난하는 등 갈등을 크게 키웠다."고 보았다.

소송 결과 A와 B가 이혼하라는 것과 남편 B가 아내 A에게 5,000만 원의 위자료를 지급하라는 판결이 내려졌다. 위자료는 통상 3,000만 원 선에서 정해지는데, 5,000만 원이 선고된 것은 법원이 분노했다는 것을 의미한다. 그래

도 우리 법원이 판시한 위자료 금액이 아직 적다는 느낌을
지울 수 없다.

외로움은 '절망'이 아니라
오히려 '기회'이다.

- 도교 철학

8

변호사만 답해줄 수 있는
이혼 궁금증

이혼소송의 과정은?

조정

재판은 법의 요건에 맞춰서 냉정하게 판단하기 때문에 인간사에 스며들어 있는 매우 다양한 속사정을 반영하기 어렵다. 미래지향적인 판단을 위해서는 이 모든 것을 감안하여 판사나 조정위원이 원만한 타협안을 내놓을 필요가 있다. 그러한 과정을 조정이라고 한다. 판사나 조정위원이 제시한 안을 양자가 모두 받아들이면 그것으로서 이혼재판은 완전히 종결된다. 어느 한쪽이 거부하면 재판으로 넘어간다.

재판상 이혼을 하려면 먼저 가정법원의 조정을 거쳐야 하는데, 만일 조정신청 없이 이혼소송을 제기한 경우에는 가정법원이 직권으로 조정절차로 진행한다. 조정은 숙려기간 제도가 없고 양자의 의사가 맞으면 간단히 종결되기 때문에 협의이혼 및 재판상 이혼을 거치기 귀찮은 사람들이

당신의 이혼을 응원합니다

이용한다.

조정으로 당사자 간 합의가 성립되고 그것을 조서에 기재하면 '확정판결과 동일한 효력'이 있기 때문에 이혼이 성립하게 된다. 조정의 내용에 불복하여 이의신청을 하면 조정은 효력을 상실하고 소송절차로 가게 된다.

재판상 이혼판결에 대한 불복은 가능하지만, 임의조정이 성립한 이후에는 더 이상 불복할 수 없다. 섣부른 판단으로 조정에 응하지 말고 재판상 이혼절차 초기부터 전문변호사와 함께 상의하면서 진행하는 것이 좋다.

모범 조정 사례

다음은 모범적으로 성립한 이혼소송 조정 예이다. 이러한 내용을 담아 조정문을 작성하면 된다. 협의이혼 시에도 이러한 내용을 포함하면 좋다. 다만, 모든 사건들이 각각의 특성이 있으므로 그러한 특성을 고려해서 반영해야 한다.

Case 1

1. 원고와 피고는 이혼한다. ❶

2. 피고는 원고에게 재산분할로서 1억 5,000만 원을 지급하되

5,000만 원은 2010.9.30.까지 나머지는 2010.12.31.까지 지급한다. 원고는 잔금을 지급받음과 동시에 별지목록 기재 부동산에 관하여 소유권이전등기를 경료한다(원고 및 피고는 위 아파트의 매각에 적극 협조한다).

3. 사건본인들의 친권자 및 양육자로 원고를 지정한다. ❷

4. 피고는 원고에게 사건본인들에 대한 양육비로 2010.6.부터 2025.8.2.까지 매월 말일 60만 원을 지급한다(다만 사건본인들이 초등학교에 입학하면 조정하기로 한다). ❸

5. 피고는 사건본인들에 대하여 다음과 같이 면접교섭할 수 있다.

① 매월 둘째, 넷째 토요일 오후 4시부터 다음날 오후 6시까지

② 여름·겨울방학 중 각 1주일씩

③ 추석 및 설 명절 연휴 중 각 1일씩

6. 쌍방은 향후 상내방에 내하여 이 사건 이혼과 관련된 위자료, 재산분할 등 일체의 재산상의 청구를 포기한다.

7. 원고는 피고에 대한 청구(민·형사 포함)를 모두 포기한다.

8. 원고와 피고 사이에 설정된 가압류·가처분은 즉시 해제하기로 한다. ❹

9. 소송비용 및 조정비용은 각자 부담으로 한다.

---

❶ '이혼한다'라는 문구는 반드시 들어가야 한다.

❷ 아이들의 복리를 위해 친권자와 양육자를 동일인으로 하는 것이 좋다.

❸ 괄호 안의 문구 등을 추가함으로써 향후 사정이 변경될 때를 대비하는 것이 좋다.

❹ 6,7,8항은 분쟁의 완전한 종결을 목적으로 하는 조항이다. 향후에 문제될 여지가 없도록 모든 분쟁에 대해 종결할 수 있는 조항을 삽입하는 것이 필요하다.

또 다른 조정 사례 하나를 첨부하니 참고하기 바란다.

---

case 2

1. 원고와 피고는 이혼한다.

2. 원고와 피고는 재산분할에 관하여 다음과 같이 합의하여 이행한다.

가. 피고는 원고에게 2016. 8. 28.까지 재산분할금으로 1,500만 원을 지급하되, 그 지급방법은 '서울 OO구 OO동 435-47'에 대한 보증금반환채권(임대인OOO)을 양도하고 피고가 2016. 7. 31.까지 임대인 OOO에게 양도통지를 하는 방법으로 이행하기로 한다.

나. 피고는 원고에게 2016. 8. 28.까지 현재 피고 주거지에 있는 원
   고의 짐을 원고 회사로 보내기로 한다.

다. 원고는 2016. 7. 1.까지 피고에 대하여 한 가압류(서울가정법원
   2016즈단12345)의 신청을 취하하거나 그 집행을 해제하는 서류
   를 법원에 접수하거나 피고에게 교부하여야 한다.

라. 그 외에 현재 각자 자신의 명의로 보유하고 있는 재산은 각자에
   게 소유권을 귀속시키고 각 채무도 각 명의자가 책임지고 변제하
   는 것으로 한다.

3. 원고와 피고는 이 조정성립일 이후에는 위에서 정한 사항 이외에
   는 서로 상대방에 대한 위자료, 재산분할, 기타 손해배상금 등 이
   혼과 관련된 일체의 재산상 추가 청구를 모두 포기하고, 일체의
   분쟁(민사, 형사, 가사 등 모두 포함)이나 형사사건에 관한 고소나 항
   고 등을 제기하지 않는다.

4. 향후 원고와 피고는 당사자 간 및 상대방의 친인척 간에 서로 연
   락하지 않는다.

5. 원고는 이 사건 나머지 청구를 포기한다.

6. 소송비용 및 조정비용은 각자 부담한다.

재판상 이혼사유

앞에서도 언급했지만, 재판상 이혼을 하기 위해서는 반드시 민법 제840조에서 정한 이혼사유가 있어야 한다. 민법 제840조의 재판상 이혼사유는 다음과 같다.

1. 배우자의 부정한 행위가 있었을 때

2. 배우자가 악의로 다른 일방을 유기한 때

3. 배우자 또는 그 직계존속으로부터 심히 부당한 대우를 받았을 때

4. 자기의 직계존속이 배우자로부터 심히 부당한 대우를 받았을 때

5. 배우자의 생사가 3년 이상 분명하지 아니한 때

6. 기타 혼인을 계속하기 어려운 중대한 사유가 있을 때

다만, 재판상 이혼사유에 해당하는지는 경우에 따라 다르므로 반드시 전문변호사와의 상담을 통해 자신의 경우가 재판상 이혼사유에 해당하는지를 상의해보아야 한다. 몇 가지 사례에 대해서는 앞에서 설명한 바와 같다.

이혼소송 어디서 해야 하나?

이혼소송의 관할은 다음과 같다.

1. 부부가 서울 장위동에 같이 살다가 일방이 가출하여 서초동에 거주 → 부부 모두 서울가정법원의 관할 내에 보통재판적*(주소)이 있으므로 쌍방은 모두 서울가정법원에 소제기 가능(가사소송법 제22조 1호).

2. 부부가 장위동에서 같이 살다가 일방이 수원으로 이사한 경우 → 잔존한 타방은 여전히 서울에 거주하고 있으므로 최후의 공통주소지인 서울가정법원에 쌍방이 소제기 가능(동조 2호).

3. 부부가 장위동에서 같이 살다가 일방은 수원으로, 타방은 의정부로 이사한 경우 → 이 경우에는 상대방의 주소지 관할 법원에 소제기할 수 있다(동조 제3호).

가사소송법 제22조(관할)

혼인의 무효나 취소, 이혼의 무효나 취소 및 재판상 이혼의 소는 다음 각 호의 구분에 따른 가정법원의 전속관할로 한다.

1. 부부가 같은 가정법원의 관할 구역 내에 보통재판적이 있을 때에는 그 가정법원

2. 부부가 마지막으로 같은 주소지를 가졌던 가정법원의 관할 구역 내에 부부 중 어느 한 쪽의 보통재판적이 있을 때에는 그 가정법원

3. 제1호와 제2호에 해당되지 아니하는 경우로서 부부 중 어느 한 쪽이 다른 한쪽을 상대로 하는 경우에는 상대방의 보통재판적이 있는 곳의 가정법원, 부부 모두를 상대로 하는 경우에는 부부 중 어느 한쪽의 보통재판적이 있는 곳의 가정법원

4. 부부 중 어느 한쪽이 사망한 경우에는 생존한 다른 한쪽의 보통 재판적이 있는 곳의 가정법원

5. 부부가 모두 사망한 경우에는 부부 중 어느 한쪽의 마지막 주소 지의 가정법원

◉ 보통재판적(普通裁判籍): 재판의 관할을 따지기 위한 개념인데, 주소, 지소, 주된 사무소, 영업소 등을 지칭한다. 이러한 주소 등을 관장하는 법원에 소송을 제기하게 된다.

조정전치주의

재판상 이혼을 하려면 먼저 가정법원의 조정을 거쳐야 하는데 이에 대해서는 앞에서 설명한 바와 같다.

사전처분

이혼소송의 경우 재판에 소요되는 기간이 길어질 수 있 기 때문에 즉각적인 사전처분의 신청을 통해 피해를 최소 화하고 권리를 구제받을 수 있다.

배우자의 폭행에 대해서는 접근금지 가처분을, 자녀의 친권, 양육권에 대해서는 친권행사 정지 사전처분, 양육비·부양료 지급 사전처분, 면접교섭 사전처분, 유아인도 사전처분, 양육자 임시지정 및 양육비 사전처분 등을 신청할 수 있다.

사전처분은 가사사건의 해결을 위해서 반드시 필요하다는 사정이 입증될 때에 가능하다.

가정법원의 가사조사

가사소송의 특수성을 반영하여 법원에서는 조정과 소송 진행 시 '가사조사관'에 의한 '조사'를 받도록 하고 있다. 가정법원의 가사조사는 조사관이 당사자의 의견을 청취하고 상세한 사실관계의 파악을 하기 위한 제도이다. 가사조사관이 '가사조사보고서'를 작성하여 담당 재판부에 제출하게 되는데, 이 가사조사보고서의 내용이 향후 이혼소송 전반의 기초자료가 될 수 있음을 염두에 두어야 한다.

변론기일

변론기일에는 통상의 재판절차와 마찬가지로 원고의 소장청구와 피고의 답변 또는 피고가 반소를 제기하였을 경우 반소장을 진술하면서 쌍방이 각각 문서증거의 제출과 그에 관한 인정 및 부정, 증인신청, 검증 등 공격, 방어방법을 제출하는 방식으로 진행된다.

판결의 선고

재판상 이혼은 판결이 선고됨으로써 즉시 이혼이라는 법률효과가 발생한다. 이혼판결이 확정되면 부부 중 어느 한쪽이 재판의 확정일부터 1개월 이내에 이혼신고서에 판결문의 등본 및 확정증명서를 첨부해서 등록기준지 또는 주소지 관할 시청·구청·읍사무소 또는 면사무소에 이혼신고를 해야 한다.

Q&A
협의이혼 어떻게 할까?

협의이혼은 말 그대로 부부 당사자의 협의로 이혼하는 것이다. 협의이혼은 ①부부간 이혼의사의 동의가 있고 ②이혼신고를 해야 성립하는데(①을 실질적 요건, ②를 형식적 요건이라 한다), 우리 민법은 몇 가지 절차를 규정하고 있다.

협의이혼의 절차를 요약하면 다음과 같다. 자세한 사항은 대한민국법원 전자민원센터에서 확인하거나 뒤에서 다루는 내용을 참고하면 된다.

----

① 부부간에 이혼 협의한다. ② 관할 가정법원에 간다. ③ 협의이혼의사확인신청서를 작성하여 법원에 제출한다. ④ 법원이 협의이혼의사확인기일을 지정해준다. ⑤ 이혼숙려기간이 지나고 ⑥ 확인기일에 법원에 출석하여 협의이혼의사확인을 받는다. ⑦ 법원으로부터 협의이혼의사확인서등본 및 양육비 부담조서를 받는다. ⑧ 3개월 이내에 이혼 신고한다.

이혼협의

협의이혼에서 가장 중요한 것은 당연히 당사자의 이혼 의사이다. 이는 법원에서 확인받는다. 다만, 법원에서 협의 이혼의사확인신청 시 재산관련서류를 첨부하여 재산분할 관계까지 확인받을 수는 없다. 재산분할협의는 당사자들이 직접 해야 하고 필요하면 공증을 받아야 한다.

관할 법원에 간다

이혼하고자 하는 부부의 등록기준지(본적) 또는 주소지를 관할하는 가정법원에 부부가 함께 출석하여 신청하여야 한다. 부부의 주소가 각기 다르거나 등록기준지와 주소가 다른 경우에는 관할하는 법원이 여러 개가 된다. 이때에는 당사자가 편한 곳에 신청하면 된다. 서울가정법원의 관할은 다음과 같다. 예를 들어, 아내가 서대문구 창천동에 거주하고 있으면 서울서부지방법원에 가면 된다.

법원	관할 구역	담당 전화
서울가정법원	종로구, 중구, 강남구, 관악구, 동작구, 서초구	02)2055-7342
서울동부지방법원	성동구, 광진구, 강동구, 송파구	02)2204-2110
서울남부지방법원	금천구, 영등포구, 강서구, 양천구, 구로구	02)2192-1184
서울북부지방법원	동대문구, 중랑구, 도봉구, 강북구, 노원구, 성북구	02)910-3382
서울서부지방법원	서대문구, 마포구, 은평구, 용산구	02)3271-1130~2

다만, 부부 중 일방이 외국에 있거나 교도소에 수감 중인 경우에는 다른 일방이 혼자 출석하여 신청서를 제출할 수 있다. 재외국민인 당사자가 협의이혼을 하고자 하는 경우에는 그 거주지를 관할하는 재외공관의 장에게 협의이혼의사 확인신청을 할 수 있다.

협의이혼의사확인신청 시 제출하여야 하는 서류는 다음과 같다.

㉮ 협의이혼의사확인신청서 1통

부부가 함께 작성하며, 신청서 양식은 법원의 신청서 접수창구에 있다.

ⓝ 부부 각자의 가족관계증명서, 혼인관계증명서 각 1통. 시(구)·

읍·면사무소 또는 동사무소에서 발급받을 수 있다.

ⓓ 주민등록등본 1통

주소지 관할 법원에 이혼의사확인신청을 하는 경우에 필요하다.

ⓡ 부부 중 일방이 외국에 있으면 재외국민등록부등본 1통이, 교도

소에 수감 중이면 재감인증명서 1통이 필요하고, 송달료 2회분

(구체적인 금액은 접수담당자에게 문의)도 납부하여야 한다.

ⓜ 미성년인 자녀(임신 중인 자를 포함하되, 법원이 정한 이혼숙려기간 이내

에 성년에 도달하는 자녀는 제외)가 있는 부부는 이혼에 관한 안내를

받은 후 그 자녀의 양육과 친권자 결정에 관한 협의서 1통과 사

본 2통 또는 가정법원의 심판정본 및 확정증명서 3통을 제출한

다. 그러나 부부가 함께 출석하여 신청하고 이혼에 관한 안내를

받은 경우에는 협의서는 확인기일 1개월 전까지 제출할 수 있고

심판정본 및 확정증명서는 확인기일까지 제출할 수 있다. 미제

출 또는 제출지연 시 협의이혼확인이 지연되거나 불확인될 수 있

다. 부부 중 일방이 외국에 있거나 교도소에 수감 중인 경우는 협

의이혼의사확인신청서 제출 당시에 협의서 1통과 사본 2통 또는

가정법원의 심판정본 및 확정증명서 3통을 제출하여야 한다.

이혼숙려기간

부부가 가정법원에서 안내를 받은 날부터 다음의 기간이 경과한 후에 이혼의사의 확인을 받을 수 있는데, 법원은 이 기간이 지난 시점을 판사의 이혼의사 확인기일로 지정한다.

- 미성년인 자녀(임신 중인 자를 포함)가 있는 경우에는 3개월
- 성년 도달 전 1개월 후 3개월 이내 사이의 미성년인 자녀가 있는 경우에는 성년이 된 날
- 성년 도달 전 1개월 이내의 미성년인 자녀가 있는 경우에는 1개월
- 성년인 자녀만 있는 경우에는 1개월
- 자녀가 없는 경우에는 1개월 (재혼 부부가 이혼하는 경우로서 각자 전 배우자의 자녀는 있지만, 재혼 배우자와의 사이에서는 자녀가 없다면 1개월이다.)

이혼숙려기간의 단축·면제도 가능한데, ①가정폭력 등 급박한 사정이 있어 위 기간의 단축 또는 면제가 필요한 경우 상담위원의 상담을 통하여 사유서를 제출할 수 있다. ②사유서 제출 후 7일 이내에 확인기일의 재지정 연락이 없으면 최초에 지정한 확인기일이 유지되며, 이에 대하여는

이의를 제기할 수 없다.

확인기일에 법원에 출석하여 협의이혼의사확인을 한다

법원이 지정한 확인기일에 반드시 부부가 함께 본인의 신분증(주민등록증, 운전면허증, 여권 중 하나)과 도장을 가지고 통지받은 확인기일(시간)에 법원에 출석하여야 한다.

첫 번째 확인기일에 불출석하였을 경우에는 두 번째 확인기일에 출석하면 되지만, 두 번째 확인기일에도 불출석한 경우에는 확인신청을 취하한 것으로 본다.

부부 중 일방이 외국 또는 교도소에 있는 경우에는 법원에서 그 재외공관 또는 수감된 교도소로 이혼의사확인을 요청하는 촉탁서를 보내 이혼의사가 있다는 회신이 오면, 상대방을 법원에 출석하도록 하여 이혼의사확인을 한다.

법원으로부터 협의이혼의사확인서등본 및 양육비 부담조서를 받는다

부부 모두 이혼의사가 있음이 확인되면 법원에서 부부에게 확인서등본 1통씩 준다.

미성년인 자녀가 있는 경우, 법원은 협의이혼절차에서 당사자가 협의한 미성년인 자녀의 양육비 부담에 관한 내용을 확인하는 양육비부담조서를 작성한다.

양육비부담조서에 관한 집행문 부여를 신청할 때에는 양육비부담조서가 작성된 당해 사건의 협의이혼의사확인서에 의하여 이혼신고를 마쳤다는 점을 증명할 수 있는 자료 (혼인관계증명서)를 제출하여야 한다.

3개월 내에 이혼신고한다

이혼의사확인서등본을 교부받은 날로부터 3월 내에 당사자 일방 또는 쌍방이 본적지 또는 관할 사무소에 확인서등본을 첨부하여 이혼신고를 하면 된다. 이혼신고는 혼자서도 할 수 있다.

미성년인 자녀가 있는 경우, 이혼신고 시에 협의서등본 또는 심판정본 및 그 확정증명서를 첨부하여 친권자지정 신고를 하여야 하며, 임신 중인 자녀는 이혼신고 시가 아니라 그 자녀의 출생신고 시에 친권자지정신고를 하여야 한다.

이때 제출 서류는 ① 법원에서 발급한 확인서 1통 ② 이혼 신고서 1통 ③ 신고인의 주민등록증과 도장이다.

법원에서 이혼의사확인을 받았더라도 이혼신고를 하지 않으면 이혼된 것이 아니며, 위 기간이 지난 경우에는 다시 법원의 이혼의사확인을 받지 않으면 이혼신고를 할 수 없다.

이혼의사의 철회

이혼의사확인을 받고 난 후라도 이혼할 의사가 없어졌다면 이혼신고를 하지 않거나, 이혼의사철회표시를 하려는 사람의 등록기준지, 주소지 또는 현재지 시(구)·읍·면의 장에게 철회서를 제출하여야 한다.

그러나 상대방의 이혼신고서가 본인의 이혼의사철회서보다 먼저 접수되면 철회서를 제출하였더라도 이혼의 효력이 발생한다.

이혼 시 재산분할은 어떻게 할까?

재산분할이란

민법 제839조의2에 규정된 '재산분할청구권'은 이혼한 부부의 일방이 상대방으로부터 부부 공동의 노력으로 이룩한 재산 중 일부를 분할받을 권리를 말한다.

비록 상대방 명의로 되어 있으나 부부 공동의 노력으로 형성한 재산에 대한 재산분할청구인의 실질적인 기여를 인정하여, 금전의 지급을 청구할 수 있는 권리를 의미한다.

특히, 사실혼 관계나 협의이혼 또는 재판상 이혼으로 인하여 혼인관계가 해소됨에 따라 부부 중 일방이 타방에게 하는 재산적 급여의 하나로, 당사자 '협의'로 분할 액수 및 방법을 정하는 것이 원칙이고, 협의되지 아니하거나 협의할 수 없는 때에는 '가정법원'이 당사자의 청구에 의하여 이를 정한다.

재산분할청구는 누가 할 수 있나?

이혼이나 혼인취소의 경우, 일방배우자가 청구권자이고 "혼인 중에 부부가 협력하여 이룩한 재산이 있는 경우에는 혼인관계의 파탄에 대하여 책임 있는 배우자라도 재산의 분할을 청구할 수 있다."(대법원) 다만, 재산의 분배비율에 그 유책행위에 따른 책임 부분이 일정 부분 반영되는 것이 보통이다.

사실혼의 경우, 사실혼 배우자도 재산분할청구권을 가진다. 그러나 배우자 있는 자와의 중혼적 사실혼은 보호되지 않는다.

재산분할약정을 미리 해놓은 경우라면?

'협의이혼'을 하기로 하고 재산분할약정을 하였는데 그 후 협의이혼이 되지 않아 '재판상 이혼'을 하게 된다면 사전에 합의한 재산분할약정은 '조건불성취'로 효력이 없다.

'협의이혼'을 그대로 한 경우에는 재산분할약정의 이행을 구하는 민사소송을 제기하면 되고, 재산분할청구심판을 제기해서는 안 된다. 남편이 잘못하여 아내에게 사죄의 의미로 "모든 재산을 포기한다."는 각서를 작성해주어서 그 각서의 효력이 문제되는 경우가 많다. 원칙적으로 재산분할청구권은 사전에 포기할 수 없기 때문에 위와 같은 각서는 '무효'다.

그러나 이미 파탄상태에서 협의이혼을 전제로 각서를 작성했고 그대로 협의이혼을 하게 되었다면 그 각서는 유효하다. 이처럼 각서 작성 당시 부부관계의 상태 및 협의이혼 가능성 등에 대해 변호사와 상담한 후 각서를 받는 것이 좋다. 협의이혼할 것 같은 태세를 보여서 작성한 각서가 나중에 재판상 이혼으로 가면 효력이 없으므로 당초부터 '협의이혼 및 재판상이혼 불문'이라고 하여 재산분할의 각서를 받는 게 좋다. 즉, "이 각서에 의한 재산분할은 협의이혼 및 재판상이혼 모두의 경우에 적용됨을 확인한다."라고 각서에 쓰는 것이 좋다.

재산분할 대상은?

1) 적극재산(특정인에 속한 예금, 토지, 가옥 따위와 같이 금전적인 가치가 있는 재산권의 총체)

적극재산이란 플러스(+) 재산을 말한다. 반면에 소극재산은 마이너스(-) 재산, 즉 은행 빚 등의 채무를 말한다.

혼인 중 쌍방 협력으로 취득한 재산은 당연히 재산분할의 대상이 된다. 그리고 가사노동을 분담하여 그 유지, 증가에 기여한 경우도 쌍방의 협력으로 취득한 재산이므로 분할대상이 된다. 한편, 별거 후 취득한 재산이라도 별거 전에 쌍방 협력에 의해 형성된 유형, 무형의 자산으로 인하여 증가된 것이라면 분할대상에 포함된다. 증여나 상속재산과 같은 일방의 특유재산은 원칙적으로 대상이 되지 않는다. 다만, 다른 일방이 적극적으로 그 유지에 협력하여 가치의 감소를 방지하였거나 그 증식에 협력한 경우는 예외적으로 분할대상이 된다.

2) 소극재산(재산의 구성 성분의 하나로서의 채무, 상속재산, 부재자의 재산 따위이다)

소극재산인 채무를 재산분할할 경우에는 채무부담의 경위, 내용과 금액 등을 고려해 분담 여부와 분담 방법을 정해야 하는데, 적극재산을 분할할 때처럼 재산형성 기여도 등을 중심으로 일률적 비율을 정해 나눠야 하는 것은 아니라고 보는 것이 법원 입장이다.

실제로, 서울가정법원은 2015년 8월, 대출금 채무가 별거 이후에 발생하였고 실질적으로 혼인생활에 보탬을 위해 발생한 채무가 아닌 경우에는 상대방 배우자에게 대출금 채무까지 분할되지는 않는다고 본 사례도 있다. 분할대상 물건에 대한 임대차보증금 반환채무, 근저당권이 설정된 채무, 혼인생활비용으로 사용하기 위한 차용금채무 등은 공제 대상이다.

3) 제3자 명의의 재산

제3자 명의의 재산도 그것이 부부 중 일방에 의하여 명의신탁된 재산 또는 부부의 일방이 실질적으로 지배하고 있는 재산은 재산분할의 대상이 된다.

반면, 부부 일방이 실질적으로 혼자서 지배하고 있는 이른바 '1인 주식회사'의 경우, 특별한 사정이 없는 한 회사 전체의 적극재산 가치가 그대로 1인 주주의 적극재산으로서 재산분할 대상이 된다고 할 수 없다.

4) 공무원 퇴직연금 & 장래 퇴직급여

이혼 전에 받은 퇴직연금을 이미 생활비로 사용해버렸다면 이는 분할대상이 되지 않는다. 또한 사용하지 않은 경우에는 별도의 비율로 분할되므로 변호사의 도움을 받아 퇴직연금의 재산분할비율산정에 있어 자신이 얼마나 재산증식에 적극적으로 도왔는지, 퇴직연금을 받게 된 과정, 또는 퇴직연금액이 줄어든 경위 등을 구체적으로 주장, 입증해야 한다.

이혼 당시에 아직 지급받지 않은 장래의 퇴직급여도 재산 분할 대상이다. 구체적으로는 '이혼소송의 사실심 변론종결 시를 기준으로 그 시점에서 퇴직할 경우 수령할 수 있을 것 으로 예상되는 퇴직급여 상당액의 채권이 재산분할 대상이 된다'고 보는 것이 법원 입장이다.

5) 국민연금

국민연금법 제64조는 혼인기간이 5년 이상인 자가 배우 자와 이혼하면서 그 배우자가 노령연금 수급권자인 경우에 는 60세가 되는 시점부터 배우자의 노령연금에 대한 분할 연금을 받을 수 있도록 규정하고 있다. 이에 대해 최근 대 법원은 위 "분할연금 수급권이 민법상 재산분할청구권과는 별개로 법에서 정하는 이혼 배우자의 고유한 권리이기 때 문에 이혼 협의서 등을 포함한 재판 서류에 연금 분할 비율 이 명시되지 않은 경우에는 배우자가 자신의 분할연금 수 급권을 포기하거나 자신에게 불리한 분할 비율 설정에 동 의했다고 쉽게 단정해서는 안 된다." 라고 판시하였다.

즉, 연금도 재산분할 대상이므로 협의 이혼, 재판상 이혼 을 하는 과정에서 재산분할한다면 그 배우자였던 자의 노 령연금액 중 혼인기간에 해당하는 연금액의 비율을 합의로 정할 수 있으며 위 요건을 모두 갖춘 때부터 5년 이내에 청구해야 한다. 다만 연금개시시점이 장래의 날짜인 경우를 대비해 '분할연금 선청구'제도를 인정하고 있는데, 이 경우에는 이혼 효력이 발생하는 날로부터 3년 이내에 청구해야 한다. 자세한 것은 뒤에서 다루도록 하겠다.

부동산과 강제집행

실제로 '이혼 시 재산분할'은 부동산, 강제집행이 가장 핵심이다. 전문가의 도움을 받아 적당한 시기를 놓치지 않도록 해야 한다.

재산분할청구권의 소멸

재산분할청구권은 이혼한 날로부터 2년 내에 행사해야 하고 기간이 경과하면 소멸되어 청구할 수 없다. 2년의 기간은, 일반소멸시효기간이 아니라 제척기간으로서, 그 기간이 도과했는지 여부는 당사자 주장에 관계없이 법원의 직권조사사항이다.

국민연금·퇴직연금의 재산분할

국민연금

1. 이혼한 아내가 분할연금을 받다가 사망하면 아내가 받던 연금은 그대로 사라지게 되고 전 남편에게 원상복귀되지 않는다.

2. 협의이혼이나 재판상 이혼 시 분할연금 수급권을 포기하겠다는 약정을 합의서나 판결서에 명시적으로 '국민연금분할청구권을 포기한다거나 그 비율을 ~로 한다'라고 특정하지 않은 이상, 그 밖의 방법에 의한 포기약정은 효력이 없다고 보아야 한다. 즉, "재산분할은 ~와 같이 하며, 양 당사자는 그 밖의 일체의 분할청구를 하지 아니한다"라고 하였을 경우에 '그 밖의 일체'의 경우에 국민연금분할청구권까지 포함되어 그것까지 포기한 것이라고 해석할 수 없다는 것이다.

3. 국민연금 가입기간 중 혼인기간이 5년 이상이어야만

이혼 시 분할연금을 지급받을 수 있다.

4. 재판상 이혼을 통해 이혼하는 경우 배우자가 국민연금 분할연금 대상인 경우에는 국민연금공단에 이혼판결과 동시에 미리 분할연금 지급을 신청하는 것이 좋고, 협의이혼을 통해 이혼하는 경우에는 이러한 제도를 잘 모르는 경우가 있기 때문에 반드시 이혼성립시점부터 3년 내에 선청구해야 한다.

5. 이혼 후 전 배우자가 61세 이전에 사망한 경우나 장애발생으로 장애연금을 받게 되는 경우, 이혼 후 다른 배우자는 유족연금 · 장애연금은 지급받을 수 없다.

6. 2016년 12월 30일 이후 분할연금수급권을 취득하는 사람부터는 당사자 간의 협의나 법원의 재판으로 연금 분할비율을 별도로 정할 수 있다(그 전에 취득한 경우에는 미리 퇴직연금 분할비율을 합의했다면 이는 공무원연금법이 정하는 분할방식보다 우선 적용할 수 있다).

7. 분할연금산정 시 별거 · 가출 등으로 실질적 혼인관계가 존재하지 않았던 기간은 제외된다(경우에 따라 이혼재판 시 판결문에 별거기간이 명시되도록 변호사가 노력할 필요가 있다).

퇴직연금

1. 퇴직연금은 다른 재산과 개별적으로 구분해 분할비율을 달리 정
   해야

"퇴직연금은 연금수급권자인 배우자의 여명을 알 수 없
어 가액을 특정할 수 없는 특성이 있어 퇴직연금수급권에
대한 기여도와 다른 일반재산에 대한 기여도를 종합적으로
고려해 전체 재산에 대한 하나의 분할비율을 정하는 것이
형평에 부합하지 않을 수도 있으므로 퇴직연금수급권과 다
른 일반재산을 구분해 개별적으로 분할비율을 정하는 것이
타당하다." (대법원 전원합의체 2012므2888)

2. 결혼 기간 동안 재산증식에 얼마나 기여했는가를 결정하고 그에
   따라 나누는 것이 일반적 경향

통상 맞벌이 배우자는 대개 매월 받는 연금의 50%를 자
기 몫으로 인정받았으나(2013므1417), 별거가 길면 맞벌이
부인의 몫은 30%로 낮아질 수 있다.

전업주부여도 오랜 결혼생활 동안 함께 살며 가사에 전
념한 부인에게는 35%까지 분할하라는 판결도 있다.

남편이 음주운전 등으로 당연퇴직되고 연금액이 줄어들
었을 경우, 남편만의 잘못이고 혼인생활과는 관계가 없어

변호사만 답해줄 수 있는 이혼 궁금증

일반재산 분할비율을 퇴직연금 분할비율에 그대로 적용할

수 없다(대법원 2012므5351).

재산분할 시 상대방 재산을
쉽게 찾는 방법

재산분할의 과정

재산분할은 다음과 같은 순서로 이루어진다.

1) 양 당사자가 가진 재산을 확인하고 그 가액을 확정한 뒤 적극재산에서 소극재산을 공제하여 순재산을 확정 한다.

2) 그 후에 양 당사자의 재산분할비율을 정하여 비율대로 재산을 분할한다.

재산분할을 정확하게 하고 돈을 더 받기 위해서는 상대방 배우자의 재산을 사전에 파악하고 있어야 한다.

소송 진행 전에 미리 배우자의 재산을 파악해두는 것이 좋다. 배우자 명의로 되어 있는 각종 부동산, 주거래은행, 보험, 주식, 자동차 등 나중에 재산분할청구의 대상이 될 수 있는 재산은 미리 파악해두기 바란다. 배우자의 재산을 알 수 없어도 좌절할 필요는 없다. 법원을 통해 배우자의 재산을 찾아낼 수 있는 다음의 방법들이 있으니 이를 이용하면 된다.

재산명시신청

첫 번째로 상대방 배우자에 '재산명시신청'을 할 수 있다.

재산명시신청이 있으면 가정법원에서 상대방 배우자에게 '재산상태를 구체적으로 밝힌 재산목록을 제출'하도록 명령을 내려준다. 그 명령을 받은 당사자가 정당한 사유 없이 거부하거나 거짓 재산목록을 제출하면 1000만 원 이하의 과태료를 부과하고 있다(가사소송법 제48조의2).

재산조회신청

두 번째로 상대방이 재산명시명령에 응하지 않는 경우 '재산조회신청'을 해볼 수 있다.

당사자가 재산명시절차를 거부하거나 제출한 목록만으로 사건 해결이 곤란한 경우에는 상대방의 재산을 확인할 수 있는 기관에 재산조회신청을 해볼 수 있다.

재산조회신청은 1개의 신청서에서 상대방의 재산이 있을 만한 기관들을 각각 체크하면 각 기관별로 재산을 조회

순번	기관·단체	조회할 재산	조회비용
1	법원행정처	토지·건물의 소유권	20,000원
2	국토교통부	건물의 소유권	없음
3	특허청	특허권·실용신안권·디자인권·상표권	20,000원
4	특별시, 광역시, 특별자치시, 도 및 특별자치도	자동차·건설기계의 소유권	기관별 5,000원
5	「은행법」에 따른 은행, 「한국산업은행법」에 따른 한국산업은행 및 「중소기업은행법」에 따른 중소기업은행	「금융실명거래 및 비밀보장에 관한 법률」 제2조 제2호에 따른 금융자산(다음부터 "금융자산"이라 한다) 중 계좌별로 시가 합계액이 50만 원 이상인 것	기관별 5,000원
6	「자본시장과 금융투자업에 관한 법률」에 따른 투자매매업자, 투자중개업자, 집합투자업자, 신탁업자, 증권금융회사, 종합금융회사 및 명의개서대행회사	금융자산 중 계좌별로 시가 합계액이 50만 원 이상인 것	기관별 5,000원
7	「상호저축은행법」에 따른 상호저축은행 및 상호저축은행중앙회	금융자산 중 계좌별로 시가 합계액이 50만 원 이상인 것	기관별 5,000원
8	「농업협동조합법」에 따른 지역조합 및 품목조합	금융자산 중 계좌별로 시가 합계액이 50만 원 이상인 것	기관별 5,000원
9	「수산업협동조합법」에 따른 조합 및 중앙회	금융자산 중 계좌별로 시가 합계액이 50만 원 이상인 것	기관별 5,000원
10	「신용협동조합법」에 따른 신용협동조합 및 신용협동조합중앙회	금융자산 중 계좌별로 시가 합계액이 50만 원 이상인 것	기관별 5,000원
11	「산림조합법」에 따른 지역조합, 전문조합 및 중앙회	금융자산 중 계좌별로 시가 합계액이 50만 원 이상인 것	기관별 5,000원
12	「새마을금고법」에 따른 금고 및 중앙회	금융자산 중 계좌별로 시가 합계액이 50만 원 이상인 것	기관별 5,000원
15	「보험업법」에 따른 보험회사	해약환급금이 50만 원 이상인 보험계약	기관별 5,000원
16	미래창조과학부	금융자산 중 계좌별로 시가 합계액이 50만 원 이상인 것	5,000원
17	교통안전공단	자동차·건설기계의 소유권	20,000원

해볼 수 있다. 여러 기관을 선택할 수 있지만 선택한 기관에 따라 기관별 재산조회 비용은 별도로 발생한다.

사실조회신청

세 번째로 사실조회신청을 해볼 수 있다.

사실조회란 공공기관, 학교, 그 밖의 단체, 개인 또는 외국의 공공기관에게 업무에 속하는 특정사항에 대한 조사를 촉탁해서 증거를 수집하는 절차를 말한다.

상대방의 부동산을 찾고 싶을 때에는 법원행정처에 사실조회서를 보내 상대방 명의로 된 부동산을 조회해달라고 요청하여 찾을 수 있고, 은행의 경우에는 상대방의 주거래 은행에 사실조회서를 보내면 10년 동안의 입출금내역을 확인해볼 수 있다.

상대방이 다른 사람과 부정행위를 하는 것이 의심될 때에는 상대방 명의로 된 통신사에 사실조회서를 보내어 특정 기간 동안의 통화내역을 확인해서 부정행위자를 찾는 데 이용할 수 있다.

부정행위가 의심되는 상간자가 있는 경우, 배우자와 그 상간자의 동반 출국 여부를 확인하기 위해 출입국 사실조회를 하는 경우도 있다.

금융거래정보, 과세정보 등 제출명령

네 번째로 금융거래정보, 과세정보 등 제출명령을 이용해 볼 수 있다.

상대방의 금융거래정보를 확인하기 위하여 상대방이 계좌를 개설하였을 가능성이 있는 금융기관에 금융거래정보 제출명령신청을 해서 입출금 거래내역을 확인해볼 수 있고, 보험회사에 해당 보험회사에 가입한 모든 보험상품의 불입금 및 해지환급 예상금액을 확인해볼 수 있다.

양육비를 청구하는 방법

양육비지급청구소송을 치열하게 해서 상대방에게 양육비를 많이 인정받았다. 그런데 상대방이 판결문 또는 조정조서를 받고도 양육비를 지급하지 않는다. 이 경우에는 어떻게 양육비를 받아낼 수 있을까?

첫째, 법원에 담보제공명령신청을 해볼 수 있다

양육비를 지급하라는 판결이 확정되었는데도 채무자가 그지급을 하지 않는 경우에 당사자는 법원에 '담보제공명령'을 신청할 수 있다. 법원이 양육비채권자인 당사자의 담보제공명령신청을 받아들이고, 채무자에게 담보제공명령을 하게되면 채무자는 부동산에 근저당권을 설정하거나, 현금을 공탁하거나, 보증보험증권을 제출하게 된다.

이렇게까지만 진행되면 당사자는 양육비를 채무자에게 청구할 필요가 없다. 채무자 부동산에 설정된 근저당권을 실행하여 경매를 통하여 양육비를 받거나, 보증보험증권을 발급해준 보험사에 청구하면 되기 때문에 양육비를 못 받을 염려가 전혀 없다.

둘째, 양육비직접지급명령신청의 방법이 있다

이는 양육비채무자가 회사원이거나 공무원 등 안정적인 직장을 갖고 있는 사람이라면 아주 유용한 방법이다.

양육비채무자가 정당한 사유 없이 2회 이상 양육비를 지급하지 않으면, 당사자인 채권자는 법원에 '양육비직접지급명령'을 신청할 수 있다. 그러면 법원은 양육비채무자의 회사로 하여금 채권자에게 직접 양육비를 지급하도록 명한다 (가사소송법 제63조의2).

양육비직접지급명령이 있으면, 양육비채무자의 회사는 월급날에 양육비를 채권자 계좌에 바로 입금하여 준다. 게다가 양육비직접지급명령이 있었는데도 이를 따르지 않으면 1,000만 원 이하의 과태료가 부과된다.

셋째, 이행명령신청을 해볼 수 있다

양육비를 지급하라는 판결에 있었는데, 양육비채무자가 단 1회라도 지급을 하지 않았을 경우, 양육비채권자가 법원에 이행명령을 신청하는 방법이다.

법원은 양육비채권자로부터 '이행명령신청'이 있으면 양육비채무자에게 양육비를 지급할 것을 명한다.

그런데도 양육비채무자가 이행을 하지 않으면 1000만 원 이하의 과태료가 부과되고, 몇 번이고 계속해서 이행명령과 과태료를 계속 부과할 수 있다.

넷째, 상대방에 대한 감치명령신청이 가능하다

법원으로부터 양육비의 지급명령이 있었는데도 3기 이상 양육비지급을 하지 않으면, 채권자는 감치명령을 신청해서 양육비채무자를 감치시킬 수 있다. 감치란 의무를 이행할 때까지 의무자를 30일의 범위 내에서 교도소나 구치소에 유치하는 것을 말한다.

양육비채권자로 하여금 이행명령을 받게 하고, 과태료 부과신청을 한 다음, 3기까지 불이행이 있으면 감치명령을 신청하여 양육비채무자를 감치시킬 수 있는 제도이다.

다섯째, 양육비 이행확보 및 지원에 관한 법률

참고로 「양육비 이행확보 및 지원에 관한 법률」(약칭:양육비이행법, 시행 2015. 9. 12. 법률 제13216호, 2015. 3. 11. 개정)이 제정되어 시행되고 있다.

이 법률에 따라 앞서 이야기한 양육비 이행관리원에서 한시적 양육비 긴급지원도 가능하다.

과거의 양육비도
청구할 수 있을까?

한쪽 배우자가 자녀를 홀로 양육해온 경우, 상대방 배우자에게 과거 양육비를 청구할 수 있는지 문의가 많다. 결론부터 말하자면, 과거 양육비도 소송을 통해 청구할 수 있다.

판례에 따르면 부모의 양육의무는 자녀의 출생과 동시에 발생하는 것이므로, 상대방 배우자도 과거의 양육비를 부담하는 것이 당연하다고 인정되는 때에는 현재 양육하고 있는 배우자가 상대방 배우자에게 과거에 지출했던 양육비를 돌려달라는 청구가 가능하다(대법원 1994. 5. 13. 선고 92스21 전원합의체 결정).

다만, 구체적인 양육비 인정금액은 '부모 중 한 명이 자녀를 양육하게 된 경위와 소요된 비용의 액수, 부모의 재산상황 등'에 따라 달라질 수 있다.

또한 10년의 소멸시효를 고려할 때, 현실적으로 과거 10년간의 양육비에 대해서만 가능할 것이다.

예를 들어, 아내가 남편의 도움 없이 자녀들과 외국에서 유학생활을 한 경우에, 아내는 남편에게 과거에 지출한 양육비의 일부를 청구할 수 있다(서울가정법원 2001. 7. 25. 선고 2000드합6063).

하지만 아내가 자녀들을 홀로 양육한 경우라 해도, 별거 후 남편이 아내 명의로 된 가게의 보증금을 갚아주고 아내가 남편보다 수입이 많았던 경우에는 아내의 남편에 대한 과거양육비청구를 부정하기도 하였다(서울가정법원 1998. 6. 17. 결정 97브96).

당신은 행복할 권리가 있다

통계를 보면 총 이혼 건수는 과거에 비해 줄어든 것이 사실이다. 그럼 이혼하지 않을 만큼 행복하게 잘 사는 부부가 많아진 것일까? 그렇지 않다. 매년 결혼 건수 자체가 줄어들고 있는 것이 첫 번째 이유고, 이혼하는 데도 돈이 들기에 이혼을 주저하는 것이 두 번째 이유다. 이 무슨 바보 같은 이유인가. 사실은 억지로 결혼생활을 유지하는 데 드는 비용과 그에 따른 당신의 스트레스가 더 커진 것이다. 그러니 주저하지 마라. 당신은 행복할 권리가 있다. 이혼이 두렵다면 차선책으로 졸혼도 있다. 그러나 졸혼할 용기가 있다면 이혼도 할 수 있다.

한 결혼정보회사의 조사에 따르면 이혼 후 남자는 3.7년 후, 여자는 4.8년 후 재혼하는 경우가 많다고 한다. 돌싱들을 위한 데이트 어플리케이션도 생겼다. 이혼을 바라보는 사회의 시선은 예전과 다르다. 그러나 여전히 당사자들은 이혼남, 이혼녀라는 주홍글씨에 괴로워하고 있다. 여러 가지 이유로 결혼을 부담스러워하는 미혼남녀가 증가한 요즘은 오히려 혼자가 편하다고 할 정도이다. 비혼주의도 성행하고 있다. 그렇다고 주위의 시선 때문에 새로운 가정을 꾸리고자 하는 행복을 포기하는 것은 미련한 짓이다. 이미 과거가 있으니 또 실패해도 괜찮다는 말로 가볍게 치부하고자 함이 아니다. 재혼 역시 신중해야 한다. 그러나 너무 어렵게 생각하지는 말자. 이혼은 실패, 죄, 아픔 따위가 아니다. 우리는 연애 후 이별을 실패라고 표현하지 않는다. 마찬가지다. 결혼 후 이별도 사람이 살아가는 과정일 뿐이다. 그때만큼은 행복했었고 관심사, 환경의 변화 등으로 헤어진 것일 뿐이다. 사회 역시 이혼했다는 이유로 사람을 함부로 단정해서는 안 된다. 단정하는 사회가, 그런 태도와 편견이 더 이상하다.

　한 재혼정보회사의 조사에 따르면, 재혼 맞선에서 남녀

모두 본인 및 상대의 이혼사유와 직업·경제력에 관심이 높은 것으로 나타났다. 이혼사유를 통해 상대의 성격이나 가치관, 생활자세 등을 유추할 수 있고, 직업·경제력이라는 현실적인 요소를 고려한 결과로 보인다. 그러나 우리는 이미 알고 있다. 세상에 완벽한 사람은 없고, 변하지 않는 사람도 없다는 것을.

이혼남녀를 위한 세 가지 제안

아래는 나의 희망사항이며 제안이다.

1. 완벽한 배우자를 만나려고 용쓰지 말고, 그저 자기 주변에서 만나게 된, 괜찮아 보이는 사람과 사귀어보고, 좋으면 몇 년 살아본다. 동거 또는 간헐적 동거를 한다(일본에는 좀 거리가 떨어진 곳에서 각자 살면서, 상대방의 집 열쇠를 가지고 있으면서 수시로 드나드는 열쇠 동거라는 형태도 있다고 한다). 양다리는 안 걸친다.

2. 그러다가 애정이 식으면 헤어진다. 아이가 생기면 협의해서 양육자를 정하고 비양육자는 매달 돈을 준다. 말 안 들으면 소송한다. 법원은 사실혼의 성립요건을 약화시키

거나 보호가치 있는 동거개념을 정립하여 이를 보호해야
한다.

백세, 그 이상을 바라보는 시대에 최소한 3명 정도 만나
며 사랑하다 보면 30년쯤 지나갈 것이다. 사람은 나이 들어
가면서 계속 성장, 쇠퇴, 변화한다. 그러므로 20대 후반에
만났던 이성이 40대 중반에 가서도 자기와 잘 맞을 것이라
는 기대는 하지 않는 것이 좋다. 중간에 몇 달씩, 몇 년씩 혼
자인 때도 있을 것이다. 너무 길어지지만 않는다면 이 기간
도 정말로 소중한 시간이다.

3. 나이 들어 몸이 안 좋으면 간병인을 두든가 서로 의지
할 이성 친구를 만난다. 늙어서 등 긁어주고 보호자 되어줄
사람을 만들어 놓기 위해 30대 초반부터 기약 없는 충성을
배우자에게 바칠 필요는 없다. 그것도 서로 스트레스 받아
가면서 말이다.

이처럼 자유롭게 살면 개인적으로는 편하고 좋은데, 사
회적으로는 출산율이 떨어진다. 국가는 출산 촉진을 위해
40세 이전까지 한 번도 출산을 하지 않는 남녀에게는 각종

복지혜택에 강력한 불이익을 주고, 복지혜택을 조건으로 결혼을 장려하면 어떨까?

나이 들어도 인기 있는 사람에게는 주변에 이성이 항상 많다. 그런 사람은 크게 걱정하지 않아도 된다. 하지만 젊으나 나이 드나 이성에게 별 인기가 없는 사람은 한 번 제대로 만났을 때 단단한 자물쇠인 혼인신고로 한 사람과 잘 살면 된다. 좀 황당할지 모르겠지만, 그냥 솔직한 내 의견일 뿐이다.

결국, 남녀관계는 결혼, 사실혼, 동거, 그냥 사귐 이렇게 네 가지로 분류하고, 동거도 관습법으로 인정하여 법으로 보호해야 한다. 사실혼에 대한 법적 보호를 강화하기 위한 움직임도 최근에 나타나고 있다.

마지막으로 다른 사람들의 기준, 다른 사람을 만족시키기 위한 삶이 아니라 자신을 위한 자신만의 삶을 살아야 한다. 그것이 당신이 행복해지는 길이다. 당신의 권리이자 의무다. 이건 이기적인 것이 아니다. 당당해지자. 그 누구도 당신에게 손가락질할 수 없다. 그들에게 피해가 가는 것도 아니지 않은가? 자녀가 있다면 자녀도 당신이 행복하게 사는 것을 원할 것이다. 그것이 자녀에게도 좋은 일이다. 자녀가 있다면 더더욱 극단적 관계로 치닫기 전에 정리할 것을 추천한다. 이제 남 핑계 대지 말자. 결국 본인의 선택이다. 내가 행복해야 내 주변도 행복하다. 다만 경제적 현실이 녹록하지 않으니 준비는 철저하게 하자.

시대는 변해왔고 지금도 변하고 있다. 어디에도 무엇에도 얽매이지 말고, 스스로의 행복을 위해 나아가자. 내 삶은 나만의 것이다. 인생은 누구도 대신 살아주지 않으며 한 번 뿐이다. 그러니 우리 이제 행복해지자.

부록

다른 사람들은 이혼을
어떻게 생각할까?

"나는 이렇게 고민하고 있는데,
  남들은 어떻게 생각하고 어떻게 행동하는지 궁금하다면
  다음의 자료를 참고하기 바란다."

1. 부부갈등 순위 (한국여성정책연구원, 여성가족패널조사 2018년)

① 생활습관 ② 경제적인 문제 ③ 자녀교육 문제 ④ 양가 부모님과의 관계 ⑤ 육아문제 ⑥ 가사분담 ⑦ 직장생활 또는 친구관계

2. 2009~2018년 이혼 건수 및 조이혼율

	2009	2010	2011	2012	2013	2014	2015	2016	2017	2018
총이혼건수	124.0	116.9	114.3	114.3	115.3	115.5	109.2	107.3	106.0	108.7
조이혼율 (천 명당)	2.5	2.3	2.3	2.3	2.3	2.33	2.1	2.1	2.1	2.1

통계청, 사회조사 (단위: 천 건, 건)

3. 이혼에 대한 견해

어떤 이유라도 이혼해서는 안 된다	이유가 있더라도 가급적 이혼 해서는 안 된다	경우에 따라 이혼할 수도 있고 하지 않을 수도 있다	이유가 있으면 이혼을 하는 것이 좋다	잘 모르겠다	계
7.7	25.5	46.3	16.7	3.8	100.0

통계청, 사회조사 2018년 (단위: %)

4. 부부 사이의 문제를 해결할 수 없다면 이혼하는 것이 좋다

전혀 그렇지 않다	별로 그렇지 않다	대체로 그렇다	매우 그렇다	전체
4.3	23.5	54.1	18.1	100

한국보건사회연구원, 전국 출산력 및 가족보건·복지 실태조사 2018년 (단위: %)

5. 이혼 고려 경험이 있음에도 결혼을 지속하고 있는 이유

이유	인원(천 명)	비율(%)
주변의 시선 때문에	318	6.6
부모, 형제 등 주변사람들을 실망시킬 수 없어서	569	11.8
경제적으로 혼자 살 자신이 없어서	362	7.5
혼자서 자녀양육과 살림을 하기 어려워서	289	6
이혼한다고 내가 더 행복할 것 같지 않아서	725	15.1
이혼하면 외로울 것 같아서	70	1.5
자식 때문에	2,315	48.2
사회생활을 하는 데 불리할 것 같아서	27	0.6
결혼생활의 실패로 여겨질 것 같아서	88	1.8
기타	40	0.8
전체	4,803	100

여성가족부, 가족실태조사 2015년(단위: %)

6. 한부모 가정에서 비양육 배우자로부터 받기로 한 양육비

50만 원 미만 (%)	50만 원 이상 100만 원 미만 (%)	100만 원 이상(%)	총 비율 (%)	총 가구 (가구)	평균 (만 원)
31.1	43.5	25.4	100	413	64.4

여성가족부, 한부모가족실태조사 2015년

7. 자녀와 비양육부모와의 교류 정도

정기적으로 만나고 있다 (%)	특별한 일이 있을 때마다 만나고 있다 (%)	편지, 이메일, 전화연락만 하고 있다 (%)	양가 친척 등을 통해 소식만 전해 듣는다 (%)	연락을 원하지 않아서 연락하지 않는다 (%)	소재 파악이 되지 않아 전혀 연락이 닿지 않는다(%)	총 비율 (%)	총 가구 (가구)
11.9	27.1	7.2	4.9	22.7	26.3	100	2,038

여성가족부, 한부모가족실태조사 2015년

8. 한부모 가정에서 자녀로 인해 부모의 취업 및 경력기회가 제약되는지 여부

1. 전혀 그렇지 않다 (%)	2. 별로 그렇지 않다 (%)	3. 보통이다 (%)	4. 다소 그렇다 (%)	5. 매우 그렇다 (%)	총 비율 (%)	총 가구 (가구)	평균 (점)
5	19.7	33.3	34.9	7.1	100	2,552	3.2

여성가족부, 한부모가족실태조사 2015년

9. 한부모 가정에서 현재 행복 정도 및 행복하지 않은 이유

정도	전혀 행복하지 않다	행복하지 않은 편이다	행복한 편이다	매우 행복하다			
	1.6	21.5	53.1	23.8			

행복하지 않은 이유	학업부담	가정불화	친구관계	경제적 어려움	외모, 신체적 불만족	미래에 대한 불만	기타
	31.2	17.0	9.2	8.2	3.7	18.8	11.9

한국청소년정책연구원, 2018년 (단위: %)

10. 한부모 가정에서 느끼는 양육비이행확보를 위해 시급하다고 생각하는 제도

양육비 긴급 지원 확대 (%)	양육비 이행 관리원의 역할 강화 (%)	미이행자 처벌 강화 (%)	기타 (%)	총 비율 (%)	총 가구 (가구)
53.1	23	23.4	0.4	100	1,988

여성가족부, 한부모가족실태조사 2015년

11. '자녀가 있어도 이혼할 수 있다'는 견해에 대한 기혼 여성(15~49세)의 태도

전적으로 찬성(%)	대체로 찬성(%)	별로 찬성하지 않음(%)	전혀 찬성하지 않음(%)	계 (%)	응답자 수 (명)
8.3	52.6	31.7	7.5	100.0	11,009

한국보건사회연구원, 전국출산력 및 가족보건복지실태조사 2015년

12. '자녀가 있어도 이혼할 수 있다'는 견해에 대한 미혼 인구(20~44세)의 생각

	전적으로 찬성	대체로 찬성	별로 찬성 하지않음	전혀 찬성 하지않음	계	명
미혼 남성	13.0	45.2	29.9	12.0	100.0	1,140
미혼 여성	26.4	51.0	19.1	3.6	100.0	1,,324

보건복지포럼, 2019년(단위: %)

13. '부모가 되는 것은 인생에서 가치가 있는 일이다'는 견해에 대한 기혼 여성 (15~49세)의 태도

전적으로 찬성 (%)	대체로 찬성 (%)	별로 찬성하지 않음 (%)	전혀 찬성하지 않음 (%)	계 (%)	응답자 수 (명)
56.0	41.5	2.3	0.2	100.0	11,009

한국보건사회연구원, 전국 출산력 및 가족보건복지실태조사 2015년

14. 재혼연령

연령별	2018	
	남편	아내
계	41,115	46,747
15세 미만	0	0
15 - 19세	3	21
20 - 24세	162	721
25 - 29세	814	2,762
30 - 34세	2,664	5,664
35 - 39세	5,573	7,849
40 - 44세	6,225	7,399
45 - 49세	7,294	7,919
50 - 54세	6,611	6,518
55 - 59세	5,912	4,524
60 - 64세	3,098	2,023
65 - 69세	1,369	757
70 - 74세	757	354
75세 이상	633	236
미상	0	0

통계청, 인구동향조사 2018년 (단위: 건)

15. 이혼 후 혼자 사는 것보다는 재혼하는 것이 낫다

전혀 그렇지않다	별로 그렇지 않다	보통이다	대체로 그렇다	매우 그렇다	전체
11.2	24.4	38.5	21.5	4.5	100

여성가족부, 가족실태조사 2015년 (단위: %)

16. 배우자 선택 시 가장 중요하게 생각하는 요인

	성격	건강	가사·육아 에 대한 태도	일에 대한 이해· 협조	경제력	직업	학력	가정환경
남자	95.9	95.1	91.1	90.8	53.0	49.9	31.0	75.1
여자	98.3	97.7	97.9	95.6	92.7	87.1	55.0	89.8

한국보건사회연구원, 2019년 (단위: %)

17. 결혼의 필요성 여부

	반드시 해야 한다	하는 편이 좋다	해도 좋고 안해도 좋다	하지않는 게 낫다	하지 말아야 한다	모르겠다
남자	12.0	40.8	42.3	1.9	0.4	2.7
여자	10.3	33.2	50.8	3.1	0.7	1.9

통계청, 2018년 (단위: %)

18. 결혼문화에 대한 태도(남녀가 결혼을 하지 않아도 함께 살 수 있다)

	전적으로 동의	약간 동의	약간 반대	전적으로 반대	계
남자	13.5	45.4	25.0	16.0	100.0
여자	12.4	41.5	27.5	18.6	100.0

통계청, 2018년(단위: %)

19. '결혼과 무관하게 함께 살 수 있다'는 견해에 대한 미혼 인구(20~44세)의 생각

	전적으로 찬성	대체로 찬성	별로 찬성 하지 않음	전혀 찬성 하지 않음	계	명
미혼 남자	11.8	44.7	34.7	8.7	100.0	1,140
미혼 여자	12.7	34.9	36.6	15.7	100.0	1,324

보건복지포럼, 2019년(단위: %)

20. '결혼하지 않아도 자녀를 가질 수 있다'는 견해에 대한 미혼 인구(20~44세)의 생각

	전적으로 찬성	대체로 찬성	별로 찬성 하지 않음	전혀 찬성 하지 않음	계	명
미혼 남자	5.6	19.4	43.9	31.1	100.0	1,140
미혼 여자	5.0	18.8	41.3	34.9	100.0	1,324

보건복지포럼, 2019년(단위: %)

21. 자녀 필요성에 대한 미혼 인구(20~44세)의 생각

	꼭 있어야 함	있는 것이 없는 것보다 나을 것임	없어도 무관함	모르겠음	계	명
미혼 남성	33.6	34.2	28.9	3.3	100.0	1,140
미혼 여성	19.5	28.8	48.0	3.7	100.0	1,324

보건복지포럼, 2019년 (단위: %)

22. '아버지나 어머니 중 혼자서도 자녀를 잘 키울 수 있다'는 견해에 대한 미혼 인구(20세~44세)의 생각

	전적으로 찬성	대체로 찬성	별로 찬성 하지않음	전혀 찬성 하지않음	계	명
미혼 남성	14.5	46.7	31.8	6.9	100.0	1,140
미혼 여성	19.8	55.5	21.8	2.8	100.0	1,324

보건복지포럼, 2019년 (단위: %)